時間も手間もセンスもいらないから誰でもできる!

「ゆる副業」のはじめかた
輸入・ネット販売

梅田 潤

SE
SHOEISHA

はじめに

「ゆる副業」とは？

最近では副業を認める会社も増えてきましたが、あなたは副業にはどんなイメージを持っていますか？「副業が解禁されたのでやってみたい」「ちょっと生活の足しにしたい」と興味はあるけど、しっかりと取り組まないと稼げないのではないか、そんな印象があるかもしれません。それは、半分正解で半分ハズレです。

たとえ同じ「副業をする」としてもそこにかける時間や初期費用、それから収入の目標で難易度は大きく変わってきます。仮に副業で月収50万円を目指そうとした場合、それは相当の時間を割くか何か特殊な能力、特技がなければ達成できません。ですが月収の目標が10万円だったら、時給1500円で1日3時間ほどを20日間働いたレベルです。これなら居酒屋などの夜間アルバイトで頑張ればできそうな金額ですね。しかし、週5日も仕事を終えてから働くのは思った以上にキツイものです。

そこで、**本業ほど頑張りたくはないけれどもある程度の副収入がほしいという方に最適なのが本書でお伝えする「ゆる副業」です。**「ゆる副業」は特別な能力がなくてもOKで、プライベートを重視した稼ぎ方です。アンケートのようにスマホでポチポチするだけで稼げるわけではありませんが、1日1時間で十分ですし、将来的には1日30分でも10万円を稼げるようになります。

輸入・ネット販売って大変じゃないの?

本書では様々ある「ゆる副業」の中でも「個人輸入」に焦点を当ててお伝えをしていきます。内容は各節でくわしくお伝えしていきますが、簡単に言うと個人で海外から商品を輸入し、インターネットで販売する方法です。これであれば、ネットで仕入れてネットで販売しますので、場所や体力、人間関係も必要ありません。あなたが寝ていても遊んでいても世界のどこにいても商品が売れます。「輸入」や「ネット販売」と聞くと少し難しく感じるかもしれません。ですが、過去に私が教えた生徒たちは口々に「やってみたら簡単だった」「こんなに稼げるのに何でやらなかったのか?」と言います。みんな物販の初心者でした。**「ゆる副業」では梱包・発送などの無駄な作業を省いた効率的なやり方と、本業と副業・プライベート時間の両立の仕方も教えていますの**で、安心して実践してみてください。

私がサラリーマンを辞めた理由

さて、少し自己紹介もさせてください。私は1977年生まれ大阪出身で、現在は東京都に住む2人の男の子のパパです。以前はあるベンチャー企業に勤めていましたが、現在は独立し、輸入を中心にコンサルティングや執筆業などを行っています。

サラリーマン時代は仕事で帰宅が日付をまたぐこともありましたが、当時は独身でしたので問題はありませんでした。しかし結婚を機に「この生活ってなんか変だな」と思いはじめたのです。それは、奥さんとのケンカの原因にもなっていた「普通の時間に一緒にご飯を食べたい」というごく当たり前のことでした。そう考えているうちに子どもができ、さらに危機感を覚えました。

そのときから私の働く目的を〝お金〟から〝家族との時間を作る〟に変えたのです。そして、そのとき身近にあった輸入ビジネスを副業からはじめました。「何よりも家族との時間を大切にしたい」これが理由です。

本書で得られる副業のテクニック

本書では面倒な作業はできるだけ任せて短時間でも月に10万円を稼ぐ方法を伝えています。私は現在、本業として輸入をしていますのでもっと稼いでいますが、時間には余裕があります。本書はそのノウハウを凝縮したものです。他の本では「副業で月収50万」など景気のいい金額が見られますが、それだけ稼ぐのはとても片手間ではできません。**本**

業を持ちながら副業をするには基本的に時間が足りませんのでいかに短時間で効率よく、そして手間がかからないように稼ぐことがポイントです。頑張って稼ぐことはある意味で誰にでもできることですが、本書のノウハウは「頑張らないでゆるく稼ぐ方法」です。

さらに私は元々副業からはじめていますので、本業と副業の両立の仕方も熟知しています。稼ぐノウハウの他、副業を成功させるポイント、家族からの了解をもらって継続する秘訣などもお伝えします。実際のところ稼ぐノウハウだけあっても副業はうまくいきません。本業やまわりの人たちとの関係、時間配分を考えてやる必要があります。

とはいえ、そもそも学ぶのに時間がかかっては本末転倒です。本書では内容を6つに分類したアイコンを各節に掲載しています。また、節ごとに「ゆるポイント」という欄を作ってその節で紹介している、ゆるく副業するための知識とテクニックのまとめを掲載しています。もちろん最初から通して読んでいただいても構いませんし、ここをざっと見て深く知りたいと思う知識やテクニックの節から読んでいただいても構いません。

たった1日30分の作業で、毎月10万円があなたの収入にプラスされる……そんな将来が待っています。

特典データのご案内

【出版社からのプレゼント】

会員特典データとして「利益のでやすい輸入商品リスト（アメリカ輸入商品：10件)」を配布いたします。
会員特典データは、以下のサイトからダウンロードして入手なさってください。

https://www.shoeisha.co.jp/book/present/9784798166049

※会員特典データのファイルは圧縮されています。ダウンロードしたファイルをダブルクリックすると、ファイルが解凍され、ご利用いただけるようになります。

●注意

※会員特典データのダウンロードには、SHOEISHA iD（翔泳社が運営する無料の会員制度）への会員登録が必要です。詳しくは、Web サイトをご覧ください。
※会員特典データに関する権利は著者および株式会社翔泳社が所有しています。許可なく配布したり、Web サイトに転載することはできません。
※会員特典データの提供は予告なく終了することがあります。あらかじめご了承ください。

●免責事項

※会員特典データの記載内容は、2020 年 7 月現在の法令等に基づいています。
※会員特典データに記載された URL 等は予告なく変更される場合があります。
※会員特典データの提供にあたっては正確な記述につとめましたが、著者や出版社などのいずれも、その内容に対してなんらかの保証をするものではなく、内容やサンプルに基づくいかなる運用結果に関してもいっさいの責任を負いません。
※会員特典データに記載されている会社名、製品名はそれぞれ各社の商標および登録商標です。

【著者からのプレゼント】

「オークファンプロ Plus（月額 1 万円相当）の 1 か月無料特典」「利益が自動計算されるリサーチ用シート」「時間の棚卸シート」「オークファンプロや初心者向け中国輸入セミナーの動画」「輸入サービス会社特典（月額料金 1 か月無料、初回手数料無料、他)」「利益のでやすい輸入商品リスト（中国輸入商品：15 件)」など計 13 個の特典をご用意しています。下記のフォームまたは QR コードからお申込みください。
※ SHOEISHA iD の登録は不要です。

https://umedajun.com/?page_id=4282

目次

第3章 アメリカ輸入で稼ぐきほん

第4章 アメリカから商品をもっとうまく輸入する

第5章

中国輸入で稼ぐきほん

第6章

オリジナル化して中国輸入でもっと稼ぐ

第7章

頑張らないで稼ぐための8のルール

第1章

「ゆる副業」をはじめよう

1-1

基礎知識　時短　コスト削減　売上アップ　センス不要　モチベーションアップ

自分で稼ぐためのマインドセット

ゆるポイント1　本業を続けながらできる

ゆるポイント2　時間を犠牲にせず収入を増やす

本業一本か、副業か、起業か？

あなたがお金を稼ぐのは誰のためですか。パートナー、お子さん、親御さん、もしかしたら自分自身のためかもしれません。かつてその人たちを守るのは企業であり、国でした。ですが、年功序列賃金や終身雇用は実質崩壊しており、年金制度には不安があります。将来、退職せざるを得ない事情ができるかもしれません。つまり、国や会社に頼ろうという気持ちは捨てて、今以上に稼がなければならない時代なのです。

自分で今以上に稼ぐには起業すると

いう手段もありますが、今の本業の会社や働き方に大きな不満がないのであれば、本業を辞めるのはリスクが高すぎます。

であれば、**私はリスクを回避しながら稼ぐ方法として、本業を続けながら副業でゆるく収入を増やしていくのがベストな選択だと考えています**し、実際に私もまずは副業で収入を増やしました。

「ゆる副業」初心者のための心構え

最後に1つだけ注意点をお伝えしておきます。たしかに、大切な人を守るためには自分で稼ぐ必要があるのですが、稼ぎたいあまりに大切な人との時間を犠牲にしないようにしてほしいのです。お金はあるけど時間がないというのは本末転倒で稼いだときには守りたい人が近くにいない、なんていうことにもなりかねません。稼ぐのはあくまで有意義な時間を確保するためであり、そのための方法として「ゆる副業」があります。**時間に余裕を持ちワークライフバランスをとりながらゆるく稼ぐ副業方法です。**

本書を参考に、できるだけリスクを避けて時間を犠牲にしない方法を選択して、ゆるく収入を増やしていきましょう。

はじめる前にやりたいことを書き出してみる

ゆるポイント1　毎日やる気がでる

ゆるポイント2　副業を楽しく続けられる

あなたは無理なく副業を続けられる？

あなたがもし、ゆる副業で稼いだとしたら何がやりたいですか？　旅行ですか？　前から欲しかったものを買いますか？　レストランに行きますか？　様々だと思いますが、**今の段階でやりたいことが具体的に浮かんでこないとちょっと黄色信号が点灯します。**

人は明確な目標がないと努力しにくいものだからです。例えば月に10万円稼ぐとしてそのお金をどう使いたいのか、どうしたいのかがないと頑張れなくなります。目標が明確だと実際の稼ぎとの差がわかるのであとどれくらい頑張ればよいとか、それをできたときの達成感、結果としてご褒美を受け取ることができます。しかし、漠然と「10万円稼ぎたい」では10万円を稼いだ達成感はあるかもしれませんが、ご褒美的なものはないので気分的にも盛り上がりにかけてしまいます。

やりたいことを10個ほど書き出してみる

だからこそ、やりたいことを具体的に考えて書き出してみることが大事です。それも**行動や金額を可能な限り具体的に書き出す**ほうが効果的です。例えば、家族4人で温泉旅行に行く（10万円）みたいな感じです。やはり目標に向かって進むほうが自然とそこに向かうエネルギーが発揮されます。

そして、やりたいことはできるだけたくさん、**とてもやりきれないくらいの数をだしてください。**「やりたいことがありすぎて困る！」くらい多いほうがベストです。私の場合は、まず10個用意しました。自転車を買う、沖縄旅行、ゴルフに行く、貯金、株を買う、オフィスチェアの新調などです。それを1つクリアしたらまた1つ追加みたいな感じで常にやりたいことが10個ある状態にしていました。そのほうが、稼げた先に待っている楽しみがたくさん想像でき、毎日楽しい気分で取り組むことができました。

やりたいことを書き出すときの注意点

ここでは計画というよりもまだ「やりたいこと」レベルでOKです。例えば沖縄旅行と書いたとしてもいつ行けるのかなど**実現の可能性は考えなくて構いません。**ただし、月旅行などの非現実的すぎてただの夢になってしまうものはNGです。予算感で言えば、ゆる副業の目標金額の目安は月収10万円なのでそのくらいの金額の範囲でやりたいことを考えて紙に書き出してください。

とはいえ、やりたいことは書いただけでは忘れてしまいがちです。その紙をいつも見えるところに貼って、常に意識できるようにするとよいでしょう。私はパソコンの前とトイレのドアの内側にやりたいことリストを貼って、そのリストから達成したことを消し込んでいくのをとても楽しみにしていました。

無理なく副業を続けるために、まずはあなたの目標をはっきりさせ、楽しんで取り組める準備をしましょう。

図1-2　目標設定のポイント

①やりたいことをたくさん書き出す

- □ 家族4人で温泉旅行に行く（10万円）
- □ 新しいパソコンを買う（10万円）
- □ グッチの財布を買う（8万円）
- □ 友だちとフレンチをフルコースで食べに行く（3万円）

・
・
・

叶えたらチェックして新しい目標を追加する

やりたいことの金額の目安は10万円

実現の可能性は問わない

②目につくところに貼る

パソコンの前やトイレなど毎日見るところに貼る

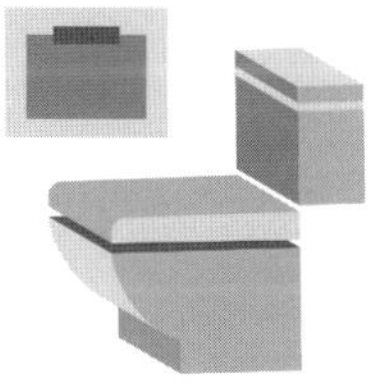

1-3

基礎知識　時短　コスト削減　売上アップ　センス不要　モチベーションアップ

副業は空いた時間でやる「時間の棚卸」

ゆるポイント1　無理なく副業の時間を作れる

ゆるポイント2　1日の予定がはっきりする

副業が続かない人の理由

せっかく副業にチャレンジしても中にはやめてしまう人がいます。その理由の1つに「時間がない」ということがあります。取り組もうとしたけれども、本業など他のことに時間を割かれて副業に取り組む時間がなく、最終的には全くやらなくなったというパターンです。

ですが、**この「時間がない」というのは実は当たり前の話なのです。**ですので、読者の方も、何も考えずに副業をはじめるとおそらく同じことになります。理由は簡単で、みんな24時間を使い切って生活していますから、もともとスキマ時間がありません。そこに新たに副業を入れるわけですから、間違いなく時間は足りなくなります。

今の生活からスキマ時間を生み出す「時間の棚卸」

そこで役に立つのが「**時間の棚卸**」です。つまり、スキマ時間がどこにあるのか、どこで作れるのかを棚卸しして目に見える形にするのです。どんなに少ない副業時間でも、漠然とあの時間でやろうとか、頑張って時間ができたら取り組もうとしても継続できません。

具体的なやり方ですが、**1日24時間を1時間単位（可能であれば30分単位）で区切って、その時間に実際に何をしていたのかを書き出します。**ここで1時間ぽっかり空いているという人はいないと思いますが、見える形にすると意外と無駄に過ごしていたと感じる時間があると思います。次に、それぞれの行動が自分にとって絶対に必要なのか、なくてもよいものなのか、短縮できるのかを判断したり組み替えたりして副業ができる時間を作り出します。**将来的にはもっと短い時間でできるようになりますが、最初は1時間捻出してみてください。**例えば、絶対に必要なものは睡眠や食事、本業の時間かと思います。一方で、ぼーっとテレビを見ていた、あてもなくネット検索をしていたというような少しでも無駄だったなと感じる時間があれば短縮できそうです。また、現在の予定は削れないから、8時間睡眠を7時間にして1時間早く起きる、という人もいるでしょう。

このように見える形にして、優先順位を考えて削ったり組み替えたりして、副業のための時間を作ります。このように見える形にすることで具体的にどの時間で副業をするのかという1日の予定もはっきりします。最初は、ゆる副業のノウハウを勉強する時間も確保できるとよりよいでしょう。時には重い腰が上がらないこともあるかもしれません。そんなとき、私の生徒さんには、家族や友人に作成したスケジュールを宣言することをおすすめしています。ちなみに、作業時間に関しては、本業の時間帯にもよりますが、夜よりも朝を推奨します。本業の後に行うよりも前に済ませたほうが、頭も疲れていないので作業がはかどります。また、本書の特典で「時間の棚卸表」をプレゼントしていますので参考にしてください。

図1-3　時間の棚卸表

通勤や本業の仕事（定時まで）、食事や風呂などは生きるために絶対に必要なので削れない

開始	終了	所要時間（分）	優先	行動内容	変更可否	捻出時間	理由または変更内容
18:00	18:30	30	S	仕事	不可		
18:30	19:00	30	S	仕事	不可		
19:00	19:30	30	C	残業	可	30	絶対ではないので切り上げることはできる
19:30	20:00	30	S	通勤	不可		
20:00	20:30	30	S	夕食	不可		
20:30	21:00	30	S	風呂	不可		
21:00	21:30	30	A	寝かしつけ	可	30	日によって奥さんと交代できる
21:30	22:00	30	D	テレビ・趣味	可	30	なくてもよい（ニュースは通勤中にネットで見る）

テレビや趣味、残業など、なくても生きていける時間の中で優先順位をつけ、副業のために削れるものはないか考える

ゆる副業の作業は切り分けて行ってもOK。通勤や寝る前など小さなスキマ時間で行える

代替案があれば書く

基礎知識　時短　コスト削減　売上アップ　センス不要　モチベーションアップ

気楽にできるスケジュールを考えておく

ゆるポイント1　綿密なスケジュールはいらない

ゆるポイント2　急な予定にも対応できる

「時間の棚卸」とは別のもう1つのスケジュールとは？

先に解説した「時間の棚卸」は何時に副業に取り組むのかという1日のスケジュールです。これとは別に、あるスケジュールを考えておくとさらに副業がうまくいきます。それはもう少し中期的なスケジュールでだいたい3か月〜半年先くらいまでのものです。1日の中では取り組む時間をしっかりと決めておかなければ習慣にならず継続できませんが、**少し長い期間である中期的なスケジュールはそこまできっちりと組んで守っていく必要はありません。**

中期的なスケジュールで決めることは、これからスタートするにあたって、いつまでに勉強を終えて実践に移るのかとか、いつまでにはじめての売上を作ってどれくらいまでに利益3万円、いつまでに5万円、10万円はこのくらいで達成するといった稼ぐ目標のようなものです。硬い言い方をすると「売上計画」のことです。

こういうことを言うとすごく綿密なスケジュールを組む人がいます。いつまでに商品の仕入れをして何日までに商品の写真撮影を終える。そして週単位、1日単位でやるべきことが細分化されて色分けされた表を作る人です。

他人からは称賛されるかもしれませんが、綿密な計画はまずその通りにはなりません。それは、この計画をすべて完璧にこなさないと達成できないからです。人間は機械ではありませんので、たとえ達成できなくても問題ありません。現状を見てできそうな値や内容に下方修正してください。

中期的なスケジュールの作り方と使い方

ですからみなさんは、余裕のある計画をつくりましょう。**基本的にうまくいく人の計画には必ずバッファ（余裕）があります。**余裕があるおかげでイレギュラーなことに対応でき、スケジュールに追われることなく作業が進められるのです。旅行でも同じですよね。3か月後から半年後の姿だけ決めておきましょう。そうすれば、本業やプライベートが忙しい時期にも対応でき、数日くらいはサボっても後で挽回することができます。

参考までに、本書の特典として中期的なスケジュールシートをプレゼントしています。左の図ではA、B、Cとありますが、上から下にいくほど詳細な目標になります。Aだけでも OKですし、できる人はA＋BやA＋B＋Cなど入力するものを増やしていってください。**スケジュールはあくまで予定ですので、時と場合によって動かせるものでなくてはなりません。**特に「ゆる副業」では、気楽に取り組んでしっかり稼ぎ、スケジュールに追われてやるようなことはしたくありませんよね。**実際にスケジュールを作るときは月単位で何ができているようにするのか、くらいを決めておけば十分です。**反対に1年後や3年後など長期間のスケジュール（計画）はいりません。正直に言うと未来のことはわかりませんので、そんな未来のことを考えるよりも直近の目標をクリアできるように時間と労力を使ったほうがずっと有益です。

図1-4　中期的なスケジュールの見本

A「ざっくり目標」　3～6か月後にやりたいことや目標などをざっくりと挙げる

中期目標（3か月～6か月後の姿）	
売上の最終着地	50万円
利益の最終着地	10万円
なぜ達成したいのか？	ゆる副業によって本業の残業を減らし、家族のために時間を使うため
10万円でやりたいこと	高級レストランに家族を招待してプレゼントを渡したい
夢（できるだけ具体的に）	新婚旅行で行ったモルディブに、もう一度家族を連れて行きたい
なくしたい不満	小遣い制・ゴルフに行けていない・車が古い
副業のために確保する時間	3か月で30時間は副業にあてる
自由項目	1か月目の15日から販売を開始する。スポーツ商品を扱ってみたい

B「数値目標」　3～6か月に達成したい売上と道のりの目標を設定する

月	目標売上	実績	達成率
1か月目	¥10,000	¥12,000	120.0%
2か月目	¥30,000		0.0%
3か月目	¥100,000		
4か月目	¥200,000		
5か月目	¥300,000		0.0%
6か月目	¥500,000		

実績は各月が終わったら記入

初月に全期間の目標売上を記入

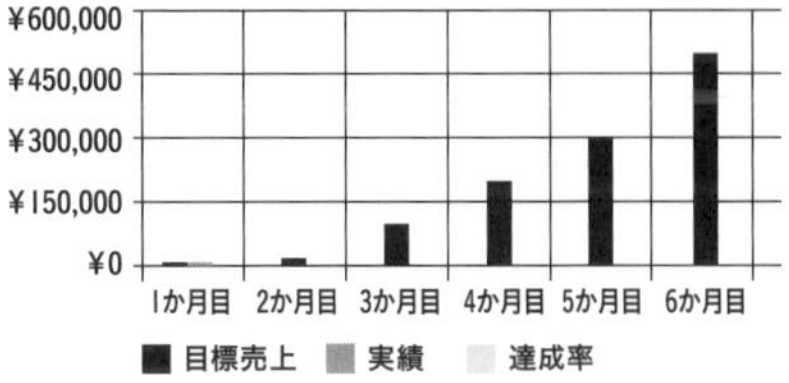

C「行動目標」
3～6か月の中期目標を達成するために1か月でやることと月末の振り返りを記入

行動目標	月間目標	結果
今月やること.1	毎日スポーツ用品をリサーチする	
今月やること.2	FBAへの納品をマニュアルを見ないでやる	
今月やること.3	月に10時間以上、副業にあてる	
その他		

まとめ（感想）	

Column 1

クレーム対応の基本

物販では、必ずと言ってよいほどクレームが発生します。

本書で紹介するAmazonでは、基本的にお客様のほとんどはAmazonに問い合わせ、ヤフオクでは出品者に問い合わせます。

どちらの場合でも、クレーム対応で一番大事なのは「最初の謝罪」です。多くのクレームはこの初動ミスによって起きます。ここでの謝罪は全面的に私が悪かった、というものではなく、私からせっかく商品を購入いただいたのに気分を害する状況になって申し訳ない、という意味です。メールでも同様です。

次に相手の言い分をゆっくり〝相づちを打ちながら〟聞いてください。その言い分を聞いてから、自分に非があると判断したら再度の謝罪＋できる対応方法を提示します。非がなければできる限り丁寧に説明して対応できることを提案したり、対応してくれるところを紹介したりします。

これで多くのクレームは収束に向かいますが、自分に非があって謝罪をすると理不尽な要求をしてくるクレーマーがいます。例えば、自宅まできての謝罪、慰謝料、商品代金以上の返金などの要求です。ここで安易に不当な要求を飲んでしまうとさらに要求がエスカレートしていきます。毅然な態度で、できないことはできないとはっきり伝えましょう。

第2章

輸入・ネット販売が副業にぴったりな理由

2-1

基礎知識　時短　コスト削減　売上アップ　センス不要　モチベーションアップ

時間がない会社員にぴったり

ゆるポイント1 ネットを使い、時間・場所・元手に関係なく稼げる

ゆるポイント2 会社員に向いている柔軟性のある副業

今の時代、副業もたくさんあります。株式やFXや不動産などの投資系、アンケートやモニターなどの作業系、アルバイトなどの実務系があります。どの副業もすべての人に合っているとは限りません。ここでは特に会社員にとって不向きなものをお伝えします。

時間・場所・元手にとらわれない副業を選ぶ

会社員には時間がありません。また、副業のために潤沢な資金を用意できる人も多くはないでしょう。結婚してパートナーや子供がいればなおさらです。そうなると、時間・場所・多額の

元手が絡む副業は不向きです。

例えば株式で月に10万円稼ごうとすると最低100万円は必要ですし、不動産投資ともなれば自己資金のほかに融資を受けて何百万円、何千万円のお金を動かさなくてはいけません。もし、住宅ローンを組んでいたら総額は数千万円〜数億円になり、相当なリスクになるでしょう。逆に金銭的なリスクがほぼないのはアルバイトです。週休2日、1日3時間働いて月5万円〜6万円ですが、就業時間の前後に移動があるので、たとえ20時に本業が終わっても家に帰る頃には日付が変わるくらいの激務です。

近年人気のYouTuberは、広告収入がメインになりますが、チャンネル登録者数が1000人を超えないと広告そのものがつかないので収入になりません。なので、少なくとも半年から1年はタダ働きで動画を毎日のようにアップし続ける必要があります。時間や場所、お金の制約がないというメリットがある一方で、すぐに結果がほしい方には不向きです。

会社員の方には、通勤電車の中や休憩時間、寝る前など場所や時間にとらわれずに作業でき、かつ、初期投資も大きくない副業がよいでしょう。その中でも私は、インターネット環境があれば、手軽に稼ぐことができるネット販売をおすすめします。

2-2

基礎知識　時短　コスト削減　売上アップ　センス不要　モチベーションアップ

輸入・ネット販売で稼ぐ3つの魅力

ゆるポイント1　「年齢・時間・場所・体力・移動・人間関係」の制約がない

ゆるポイント2　安定して稼げるので選択肢が広がる

インターネットを使った輸入販売の魅力は次の3点にまとめられます。

国内転売と比べて安定した収入

1つ目は継続した収入が増えることです。インターネットでの輸入はある月にドッと売れるけどある月はまったく売上が立たないといった不安定さがありません。**国内転売で福袋や開店セールの目玉商品などを扱うとすぐに売れる反面、不安定になります**が、ゆるる副業では安定した売上を作ることができます。

会社勤めと比べていろいろ楽

2つ目は会社勤めと比べて「年齢」「時間」「場所」「体力」「人間関係」「移動」の6つの制約がなくなることです。何歳でもいつでもどこでもでき、重たいものを運ぶこともありません。また、会社のように上司や部下、同僚の様子を見て仕事を頼んだり報告をしたりといった人間関係が不要です。作業として他人に依頼することはありますが、それは外注なので気を使うことはありません。さらに家から一歩も出ないで完結するのも優れた点です。

お金に対する考え方が変わる

最後の3つ目は、インターネットを使って稼ぐため、お金の作り方など経済の勉強になることです。例えば、今まで旅行したいとか家電が欲しい場合には何かを控えてお金を貯めるという考えだったとしても、我慢して貯めるばかりではなく作れることに気がつきます。**何かをしたい、何かが欲しい場合、どう貯めようではなくどう作ろうと考えられるようになるのです。**これは人生において大きな差だと思います。

2-3

基礎知識　時短　コスト削減　売上アップ　センス不要　モチベーションアップ

Amazonとヤフオクを使うメリット

ゆるポイント1 クレジットカードがあればすぐ登録できる

ゆるポイント2 発送の手間がかからない

ゆる副業ではインターネットショップを自分で作るのではなく、ネットモールに出品していきます。

いくつかのモールがありますが、本書ではAmazonとヤフオクを使って販売をします。**Amazonとヤフオクを使う大きな理由は、サイト自体に高い集客力があり、個人の手間がかからず、短時間でできるからです。**

サイトの高い集客力と出品までの手軽さ

まず「高い集客力」ですが、Amazonには推計2兆4000億円以上、ヤフオクでも1兆円近くの流通総額(2018

年）があり、それだけ膨大な人が訪れる圧倒的な集客力があります。その日本で2番目に流通総額の大きいAmazonと3番目に大きなヤフオクには、物販をやったことがなくてもたった1品でも出品ができることが利点なのです。

ちなみに日本で1番流通総額があるのは楽天ですが、**楽天には厳しい審査がありAmazonやヤフオクのように簡単に出品できません。**また、楽天では出品だけではなくショップのデザインや決済など開店までにやることがたくさんありますが、Amazonやヤフオクならクレジットカードがあればすぐに出品できるほどハードルが低いのです。

梱包・発送をFBAサービスにお任せ

次に「手間がかからない」理由ですが、ネット販売で一番手間がかかる作業が梱包・発送です。これを解消するのが「**FBA**（Fulfillment By Amazonの略）」でAmazonが発送作業を代行するサービスです。これを使うことで、**梱包・発送を外注化できるほか、返品・返金まで対応してくれて、さらにFBA倉庫を利用できる**ため自宅保管が不要になります。ですので、売れば売るほど自宅が段ボールで埋まるなんていうことは起きません。どの商品が売れたのかは出荷が完了したらメールが送られてきますし、返品・返金があったときも同様です。そのためAmazonはよく自動販売機にたとえられます。あなたは商品を補充するだけでOKで、代金の回収や商品受け渡しを全部Amazonがやってくれます。**ちなみにヤフオクや他のところで売れた商品もFBAから出荷することができます。**

日々の作業は1時間以内に完了するほど簡単

最後に「短時間でできる」のは、インターネットでの輸入販売のメリットでもありますが、Amazonとヤフオクは仕組み化が進んでいますので、1日30分〜1時間程度で、家から1歩も出なくても作業が終わります。

私のスマホに入っている万歩計を見てみると、ある日の歩数が500歩（1歩を80㎝とするとわずか400m）やそれ以下の日もありました。極端な例ですが、他の多くの副業では、こうはいかないでしょう。それでも十分に稼げるのは、ゆる副業がAmazonとヤフオクを使うメリットを最大限に生かしているからに他なりません。

さらに、FBAに任せると自分で行う作業時間がぐんと減ります。時間のかかる梱

表2-3　販売作業を自分で行う場合とFBAを利用する場合の比較

	自分で行う場合	FBAを利用する
顧客対応	すべて自分	ほぼお任せ
梱包発送	約20分/1個かかる	お任せ
返品返金	すべて自分	お任せ
在庫管理	すべて自分	お任せ
売上管理	すべて自分	お任せ
廃棄処分	すべて自分	お任せ

包発送作業や、経験も必要な顧客対応、細かい作業がわずらわしい在庫や売上の管理まで出品以外のほぼ全てを任せることができます。

特に返品・返金は購入者と一番モメる可能性があるところです。返品はできるのか、送料は出品者か購入者のどちらが負担するのか、返金方法は、その手数料はどうするのかなど問題が山積しています。

Amazon基準の判断になりますが、こういったことまで任せられるFBAは頑張らないでゆるく稼ぎたい人にとって欠かせないサービスです。

2-4

基礎知識　時短　コスト削減　売上アップ　センス不要　モチベーションアップ

月10万円稼ぐ人のネット販売の流れ

ゆるポイント1　リスクのある商品は扱わない

ゆるポイント2　やらなくてもよい作業はできるところに任せる

本書では王道で簡単なアメリカ、または低コストで仕入れられる中国から商品を輸入します。

ゆる副業の大きな流れとしては、売れている商品のリサーチ⇓商品の仕入れ⇓出品（商品はAmazon FBA倉庫に納品）⇓販売、となります。リサーチには1日30分～1時間、商品を見つけてから販売までには約2～3週間かかります。この流れを繰り返していくことで10万円を稼ぎます。

アメリカ商品と中国商品の違い

アメリカで仕入れられる商品、中国

で仕入れられる商品は異なりますので、同じ商品をアメリカと中国で探すことはありません。

アメリカと中国からのそれぞれの仕入れ方法を解説しますが、月に10万円稼ぐにはたった1つの商品を売るのでは達成できません。傾向として**アメリカ輸入の商品は単価が高く、ブランド品やメーカー品が中心**となります。それに対して**中国輸入の場合、「ノーブランド品」が中心**です。特にどこのブランドというわけではないのですが、一般的に売られている商品です。中国はコピー品大国ですので中国からブランド品やメーカー品を仕入れるのはかなりのリスクがあるため、ゆる副業はそういった商品は取り扱いません。アメリカからの商品は1万円～3万円で、中国からの商品は1500円～3000円が主流です。そのため、アメリカ輸入に比べて中国輸入の単価は低くなりますが、同じ商品がたくさん売れる傾向にあります。

アメリカと中国輸入の違い

Amazonとヤフオクで売れている商品をリサーチして仕入れますが、アメリカと中国ではやり方がちょっと違います。

アメリカから輸入する場合、基本的には自分で決済して商品を購入しますが、**中国から輸入する場合は決済方法などの関係で自分で購入することができないため、輸入代行業者に注文を出してその業者が商品を購入します。**

また、アメリカからの輸入では購入時に指定した住所に商品が送られるので、あなたが日本の自宅に送り先を指定していたら個別に商品が届くことになります。まとめて輸入したい場合は転送業者を使います。それに対して中国輸入では代行業者が送り先を中国の倉庫にしているので、そこで取りまとめて日本に送ってくれます。

基本的にはどちらも自宅に輸入した商品を届けてもらい、そこからAmazon FBA倉庫へ納品します。本書ではAmazon FBA倉庫を利用して販売する方法を解説します。発送作業を自分でしていてはゆるく稼ぐことはできませんので、やらなくてもよい作業はどんどんできるところに任せてください。ヤフオクで売れた商品もAmazon FBA倉庫から発送できます。そうやっていかに自分の時間を空けられるかを考えるのが〝ゆるく稼ぐコツ〟です。

図2-4　アメリカ輸入の基本的な流れ
(日本からアメリカのショップで注文・決済ができる)

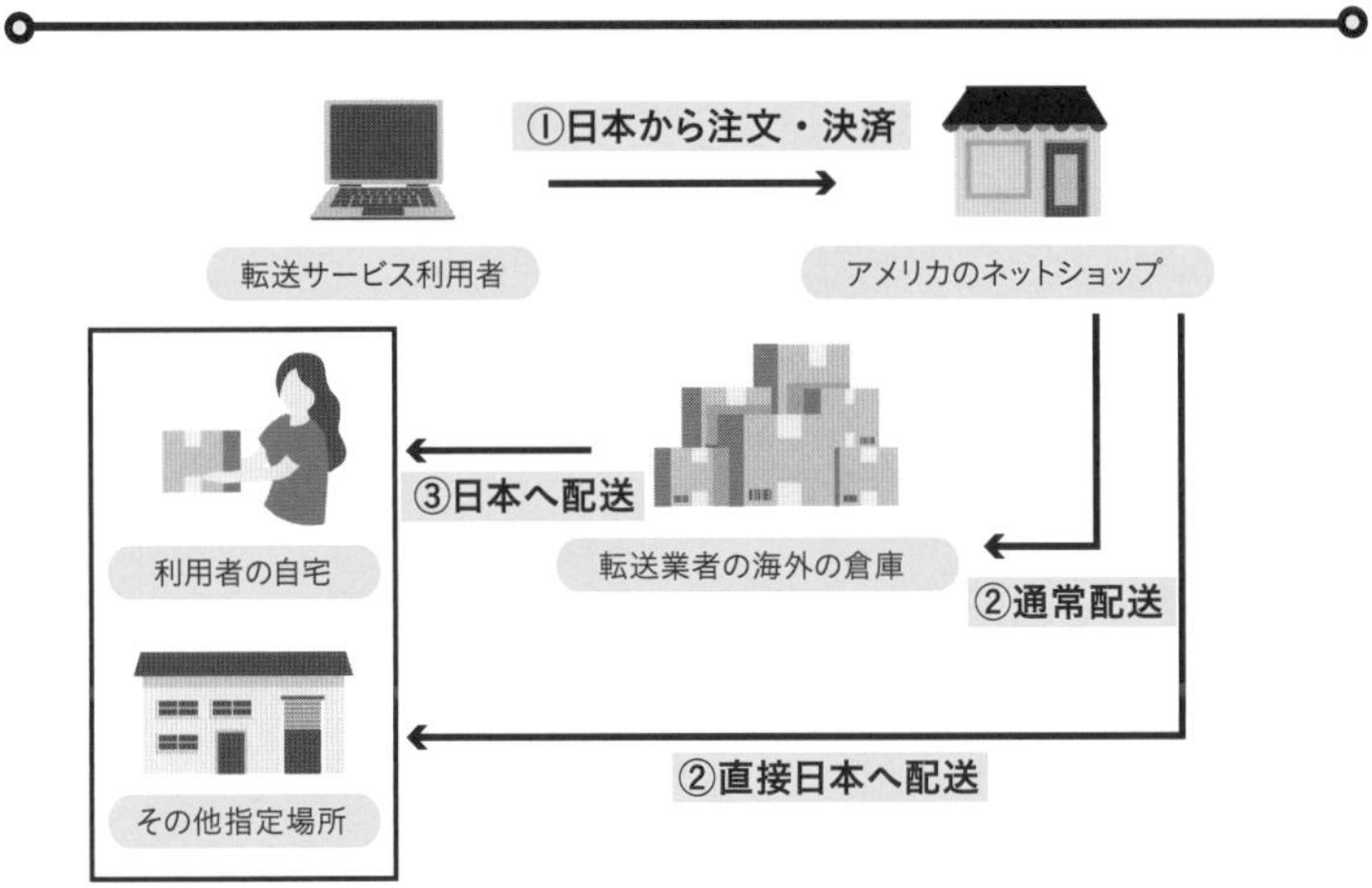

図2-4-2　中国輸入の基本的な流れ
(日本から中国のショップで注文・決済ができない＝代行が必要)

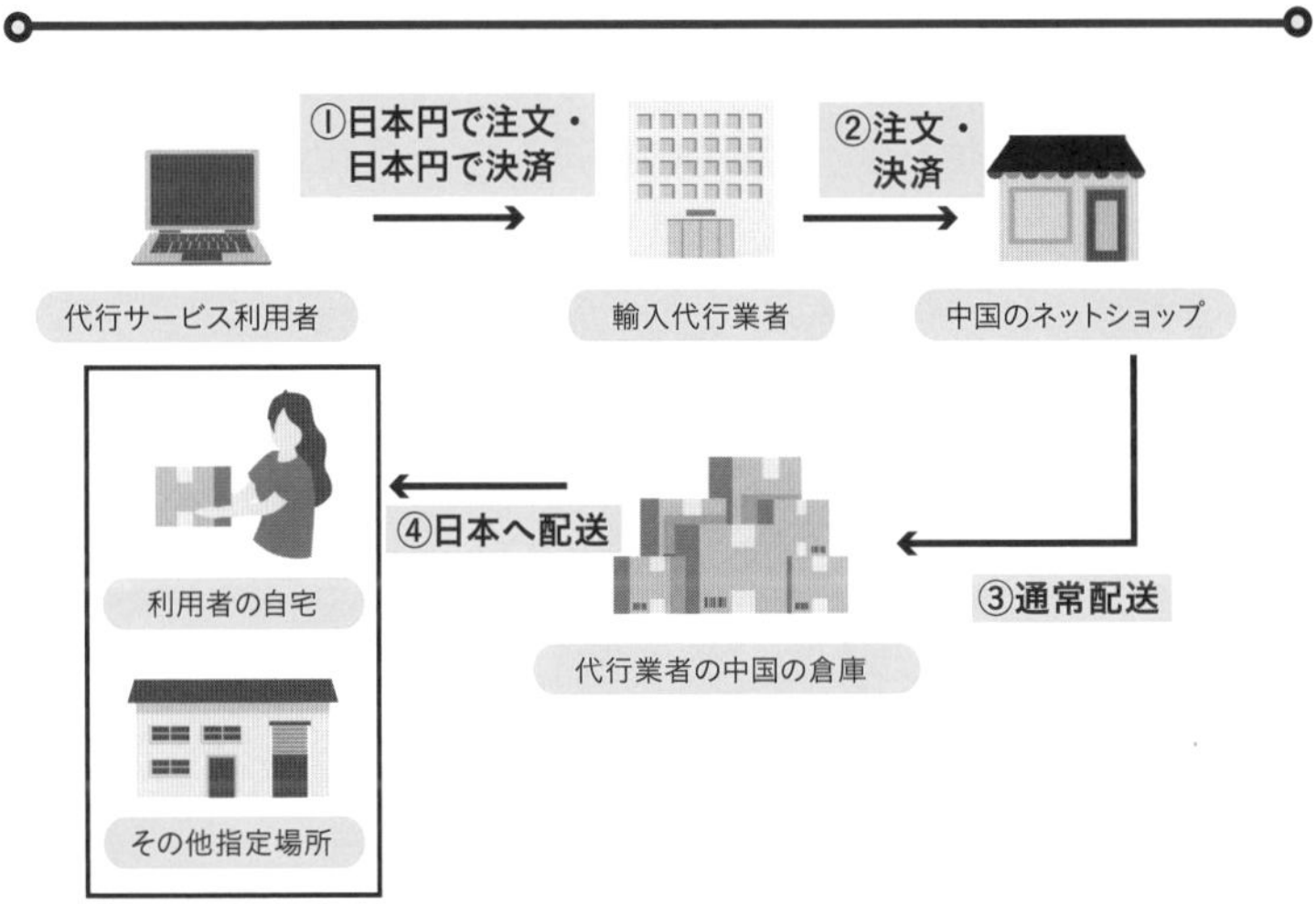

仕入れ資金はリスク0で「作る」ところからはじめる

ゆるポイント1　所持金が0円でもノーリスクで資金を作れる

ゆるポイント2　3つの方法から自分に合う方法を選べる

副業をはじめるときに一番心配するのが「リスク」です。稼ぎたいけど損はしたくないというなかなか難しい心理なのですが、やったことがないものにリスクを感じるのは仕方ありません。ですので、最初からリスクをかけてリターンを狙うよりも、できるだけ低リスクではじめて、慣れてうまく稼げるようになってきたら徐々にリスクをかけていけばよいと考えています。

0から資金を作る3つの方法

とはいえ、資金0円ではじめることも不可能ですので、最初の仕入れ資金はどうにかして捻出しなければなりません。そこで本書では、所持金0円からほぼノーリスクで資金を作るおすすめの3つの方法を教えます。

まず1つ目はもっともシンプルな方法「不用品を売ること」です。家にある不用品をヤフオクやメルカリで販売し、販売金を仕入れ資金にします。そうすれば、もともと不用なものを売ったので、もしこの資金が0になっても家が片付いただけです。実質的な損はありません。

2つ目の方法は「自己アフィリエイト」です。アフィリエイトとは、例えばあなたがある商品をサイトを通じて誰かに紹介し、相手が購入したら報酬を受け取れる仕組みのことですが、それを自分自身でやるのが「自己アフィリエイト」です。「セルフバック」とも言います。これが資金作りになるのは、すぐに報酬が発生してしかも完全に無料だからです。例えば、アンケートへの回答・あるサイトへの無料会員登録・ある商品の口コミを書き込む、などで報酬が発生します。自分に必要なもの・興味をもったものなど何でもOKです。

最後に3つ目の方法は「ポイントサイトの利用」です。広告をクリックしたり、ゲームやアンケートの無料（有料）コンテンツを利用したりすることでポイントを貯められるサイトです。貯まったポイントは換金できます。また、ポイントサイトを通じてネットショッピングを利用するとさらにポイントサイトとショッピングサイトのポイントの両方を獲得でき、2重取り3重取りが可能になり、獲得したポイントで商品を購入して販売すればリスク0で資金を作れて、きちんとやると毎月3万円くらいになります。

資金作りの注意点

最後に注意点をお伝えします。不用品の販売で出品を経験するのは大事なのでできるだけ多く出してほしいのですが、100円など安すぎるものは手間のほうがかかるので最低1000円以上のものにしてください。

また、自己アフィリエイトやポイントサイトはやろうと思えばどれだけでもできます。しかし、本書はネット販売で稼ぐ方法を紹介するものですので、スタートをするのに必要な資金(5万円~10万円程度)の報酬を獲得できればOKです。

図2-5　リスク0での資金作り

不用品販売

企業名	URL
ヤフオク	https://auctions.yahoo.co.jp/
Amazon	https://www.amazon.co.jp/
メルカリ	https://www.mercari.com/jp/
フリル	https://fril.jp/

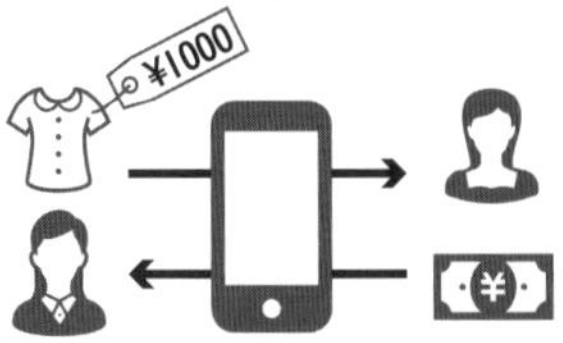

アフィリエイト

企業名	URL
A8.net	https://www.a8.net/
アフィリエイトB	https://www.afi-b.com/
アクセストレード	https://www.accesstrade.ne.jp/
クロスマックス	https://www.xmax.jp/

ASP：アフィリエイトサービスプロバイダの略称

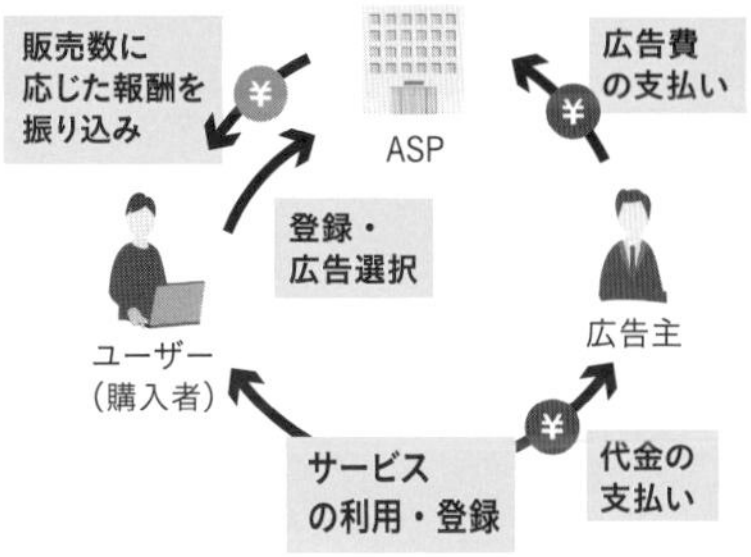

ポイントサイト

企業名	URL
モッピー	https://pc.moppy.jp/
げん玉	http://www.gendama.jp/welcome
ポイントタウン	https://www.pointtown.com/ptu/top
ちょびリッチ	http://www.chobirich.com
ポイントインカム	https://pointi.jp
Getmoney	https://dietnavi.com/
アメフリ	https://point.i2i.jp
ハピタス	https://hapitas.jp

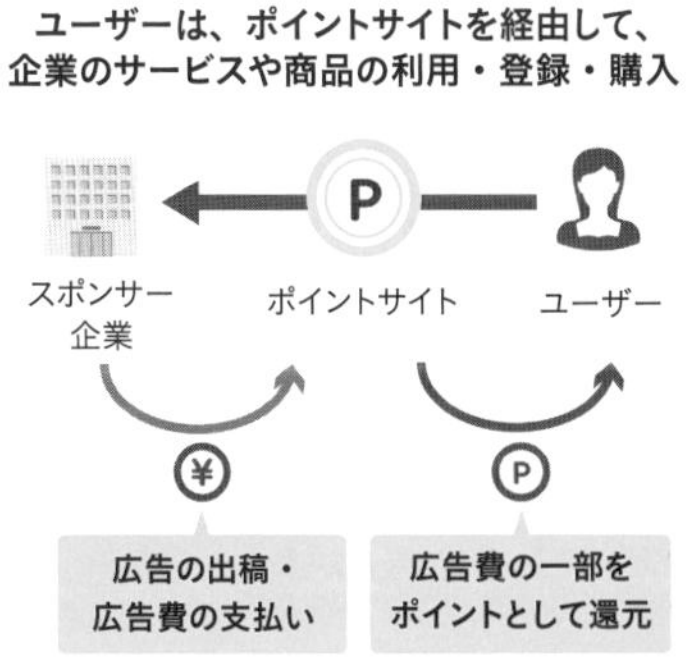

2-6

基礎知識　時短　コスト削減　売上アップ　センス不要　モチベーションアップ

最初の仕入れ先はアメリカor中国から選ぶ

ゆるポイント1　最初は1つの国の売買を覚えればOK

ゆるポイント2　「合わない」と思ったら途中で変更してもOK

ゆる副業の輸入先はアメリカと中国です。そのリサーチ方法や具体的な輸入方法などは後述しますが、その前にやっておくことがあります。それは、あなたが輸入をはじめるのはアメリカか中国のどちらにするか選ぶことです。説明したようにアメリカと中国では輸入の方法などが違います。また、それ以外に商品リサーチの方法も異なるため、両方とも同時並行で進めてしまうと作業がごちゃごちゃになってしまい、上手く進めることができなくなります。ですので、両方やってみてよかったほうを続けるというスタンスではなく、**あらかじめどちらから取り組**

むのかを決めて進めてください。

アメリカ輸入のメリット・デメリット

どちらかに決めるためにアメリカ輸入と中国輸入を比較したときのメリット・デメリットをいくつか解説します。**まずアメリカ輸入のメリットは「単価が高い」「リサーチが簡単」「処分しやすい」です。**アメリカ輸入ではブランド品やメーカー品を扱いますので必然的に単価が高くなります。つまり、一般的に、利益額も大きくなります。また、型番や商品名が日米で共通であることも多いので商品を探すのが簡単です。加えて商品の価値も伝わりやすいため、最安値にすれば基本は売れますので処分しやすいのです。

逆にデメリットは「単価が高い」「価格競争」「旬がある」です。単価の高さはメリットでもありますが、仕入れ資金が多く必要になるのでデメリットでもあります。また、リサーチが簡単な分、誰でも探せますのでライバルが多く価格競争になりやすいのです。そして、メーカーなどは毎年のようにリニューアルすることがあるので「旧モデル」になると価格がガクッと下がります。

中国輸入のメリット・デメリット

それに対して**中国輸入のメリットは「少資金」「高い利益率」「継続販売」です。**中国輸入は商品の単価が非常に低いので少資金ではじめられます。5万円もあればOKです。次に高い利益率がありますので、少資金ではじめても雪だるま式に資金を増やすことができます。最後の継続販売が一番のメリットですが、扱うノーブランド品には同じ商品を販売しているところが多くありますので、長く安定的に仕入れることができます。著者の販売している商品でも5年以上売れている商品がいくつもあります。

逆にデメリットは「多売」「品質」「処分しにくい」です。単価が低いということはそれだけたくさん売る必要があります。また、中国のショップは良し悪しがあり一部のショップは品質が悪い場合があります。最後に、ノーブランド品のため極端なことを言えば1円でも売れない可能性がないとは言い切れません。

以上がメリット・デメリットです。取り組んでみて、合わないと思ったら途中で変えても構いません。もちろん、輸入先の政治情勢や自分の気分などの成果とは関係のない理由で、コロコロ変えるのはよくありません。また、中国でうまくいったのでアメリカもやってみる、というのはOKです。もちろん逆もOKです。

表2-6　アメリカ輸入と中国輸入の比較表

	アメリカ輸入	中国輸入
単価	高い （1万円〜3万円が主流）	低い （売価で1500円〜3000円が主流）
初期費用	10万円以上は必要	5万円あればできる
利益	利益率が低くて利益額が高い （高利少売路線）	利益率が高くて利益額が低い （薄利多売路線）
取扱商品	メーカー品を扱う（スーパーブランド品には手を出さない）	ノーブランド品を扱う（ブランド品には一切手を出さない）
商品状態	新品以外に中古品も扱う	新品のみ、中古品は取り扱わない
特徴	レアもの、限定品、アンティークなど特徴のある商品が多い	一般的な商品を取り扱う
出品形態	Amazonでは既存ページに出品する「相乗り」中心。特徴があるものはヤフオクのほうが売れる	Amazonでは自分だけのオリジナル商品を作り商品ページを育てることを目指す。 ヤフオクは不向き

メリットとデメリットを考慮して、
自分に合うほうではじめよう

限定品やレアモノを
扱ってみたいから
アメリカかな
雑貨が好きだから
中国にしようか

2-7

基礎知識　時短　コスト削減　売上アップ　センス不要　モチベーションアップ

保証や説明書などのサービスをつける

ゆるポイント1 無償ではなく、有償の保証で問題ない

ゆるポイント2 メーカーの問い合わせ窓口を伝えておけば面倒ごとはない

Amazonでもヤフオクでもお客様が海外の個人から商品を買う場合に心配されることの1つに、アフターフォローがあります。

こういう場合、最初にノークレームノーリターンなど、買った後の対応はしないことを明記する方法をとっている人もいます。これは面倒なことを避けたい心理のあらわれです。しかし購入者からすると、この対応は不安を感じるマイナス要素でしかありません。

ノークレームノーリターンはオークションでよく見かけます。それだけ一般的な手法なのですが、逆の見方をすれば、Amazonでもヤフオクでもその

不安を解消できれば、自分の商品がライバル商品よりも売れる理由になると考えましょう。具体的には**買った商品の保証をする、返品を可にする、あとは日本語説明書をつけておけば完璧です。**

これにはサービスや差別化という意味もありますが、トラブル対応、問い合わせを未然に防ぐという側面もあります。ただ、メーカーのように購入後、1年や3年など長期間の保証はキャパ的に無理がありますので、例えば受け取り後1週間とか1か月などの短期間で十分です。大事なことは売った後もちゃんと対応しますよ、ということをお客様に知ってもらい安心して購入してもらうことです。

購入後の商品保証はメーカーに確かめて任せる

ここでちょっと出品者として心配なことがあります。説明書や返品の受け付けは自分でもできますが、商品の保証はどうすればよいのでしょうか？　不具合があるたびに新品に交換していたら、赤字になります。**実は個人での輸入品でもメーカーの保証を受けられます。**4章3節のような特殊な例を除けば（本物が大前提ですが）多くのメーカーでちゃんと対応してくれます。ただし、無料というわけではなく有償の場合がほとんどです。日本人の感覚とは少し異なりますが、買った後も対応しますよ、ということが保証なので問題ありません。心配なら、商品説明に「商品に不具合があった場合は有償で対応」と明記すればOKです。メーカーには、修理の場合などで国内の正規品と並行輸入品で料金が異なる場合があるので確認しておきましょう。

アフターフォローなんてこじれたら嫌だし面倒だな……と思う人もいるでしょう。自分がすべて受けなくても、メーカー側で対応してくれることを確認していれば、顧客に事前に「商品不良に関する問い合わせはこちら」と伝えて、メーカーの問い合わせ窓口などを連絡しておけば自分の作業も減り、保証もついているので一石二鳥です。

ちなみに、**説明書の一番簡単な作成方法はランサーズ（https://www.lancers.jp/）などで専門家に翻訳を依頼することです。**おおよそ5000円～6000円です。その後、ワードやパワーポイントで商品と説明書を参考に作成すればOKです。グーグルなどの翻訳サイトでは正確性が確認できませんのでおすすめできません。もしくは、一度同じ商品で日本語の説明書がついている商品を購入し、それを参考に作成する方法もあります。購入した商品は新品としては販売できませんが、新品に近い価格で売れます。

図2-7　説明書の作り方

①ランサーズなどで依頼
②Amazonで説明書を購入
ランサーズに登録すれば、5,000円〜6,000円くらいで依頼できる
購入した後の商品は、新品に近い価格で売れる
同じ商品で、日本語の説明書がついているものを購入する
海外製品のマニュアル翻訳（英語→日本語）
5,000円〜6,000円
家電製品の説明書の翻訳
5,000円〜6,000円
パッケージ内容

どうしても多少のお客様への対応はでてきますが、ノークレームノーリターンのようにすべて突っぱねるよりも、きちんと対応するほうが購買やリピーターにもつながりますので、効率よく満足してもらう方法を考えていきましょう。

ちなみにAmazonの場合は、基本的にFBAを使うので返品などはAmazonで対応してくれます。ただし、保証やAmazonの規約の30日以上の返品期限を設ける場合は説明文に記載しておきましょう。日本語の説明書も同様です。

2-8

基礎知識　時短　コスト削減　売上アップ　センス不要　モチベーションアップ

フリマアプリはお試し用に使う

ゆるポイント1 ＞ **女性ユーザーに売れやすい**

ゆるポイント2 ＞ **リアルのフリーマーケット感覚で手軽にできる**

本書では深くは触れませんが、ユーザーもたくさんいるフリマアプリについてお伝えしておきます。最近、非常にシェアを伸ばしているのがフリマアプリです。メルカリが代表的なアプリで、他に楽天が運営するラクマなどがあります。

仕入れ先としてのフリマアプリ

これらは圧倒的に女性ユーザーが多いことが特徴です（ヤフオクは逆に男性ユーザーが多い）。

時折相場よりも安く出品される掘り出し物もあります。私も過去に、ボブルスというウレタンでできた子どもの玩具を購入したことがあります。この商品はけっこう高額で、どんなに安い中古品でも10000円以上します。ですが、時々数千円のものがでてきては、本当に数分かからないくらいで売れていっていました。

こういう事例は枚挙に暇がありません。常に安くてよい商品を求めている人が虎視眈々と狙っているので、**商品はもちろん価格的な魅力があれば秒殺で売れていく**ところです。しかも送料込みが基本ですので、買ってみたら法外な送料をとられるという心配もほとんどありません。購入価格がすべてです。

ただ、ここを仕入れの場として考えるのはちょっとやめたほうがよいでしょう。まず、メルカリなどから仕入れるには4章4節で解説する古物商の免許が必要です。古物商は販売目的で中古品や未使用品を買い取る免許ですが、買い取る際に相手の身分（住所や氏名などの連絡先）を確認、記録する必要があります。

しかし、メルカリなどでは匿名配送が一般的になっていますので、多くのケースで購入側から出品者の個人情報が確認できません。それではいっそのこと**相手の情報を確認しないで転売……となるとそれは法令違反になります。**

出品先としてのフリマアプリ

ですので、メルカリなどフリマアプリはあくまで出品用として考えましょう。その中で、**絶対にやってはいけないことが、AmazonのFBAにある商品を購入者に直送する行為です。**これを行うと最悪の場合、アカウントが停止されます。なぜなら、メルカリはあくまで個人間の取引でリアルのフリーマーケット（フリマ）と同じ、つまり手元に商品があることが前提です。実際にフリマの会場に行って、商品を購入しようとしたら後から送りますね、といわれたことはないですよね。そういう意味で「業者」を疑われるユーザーはどんどん排除されています。もし、AmazonのFBAにある商品をフリマアプリで出品しようとする場合は、FBAから自宅に商品を返送した上で出品をするようにしましょう。

フリマアプリは少ない出品数で販売を経験するのにはよい

また、フリマアプリでは、購入前に「今から買ってもよいですか?」など確認をする購入者がいます。その他にも他のショッピングモールではないような独特の問い合

図2-8　各販路の特徴

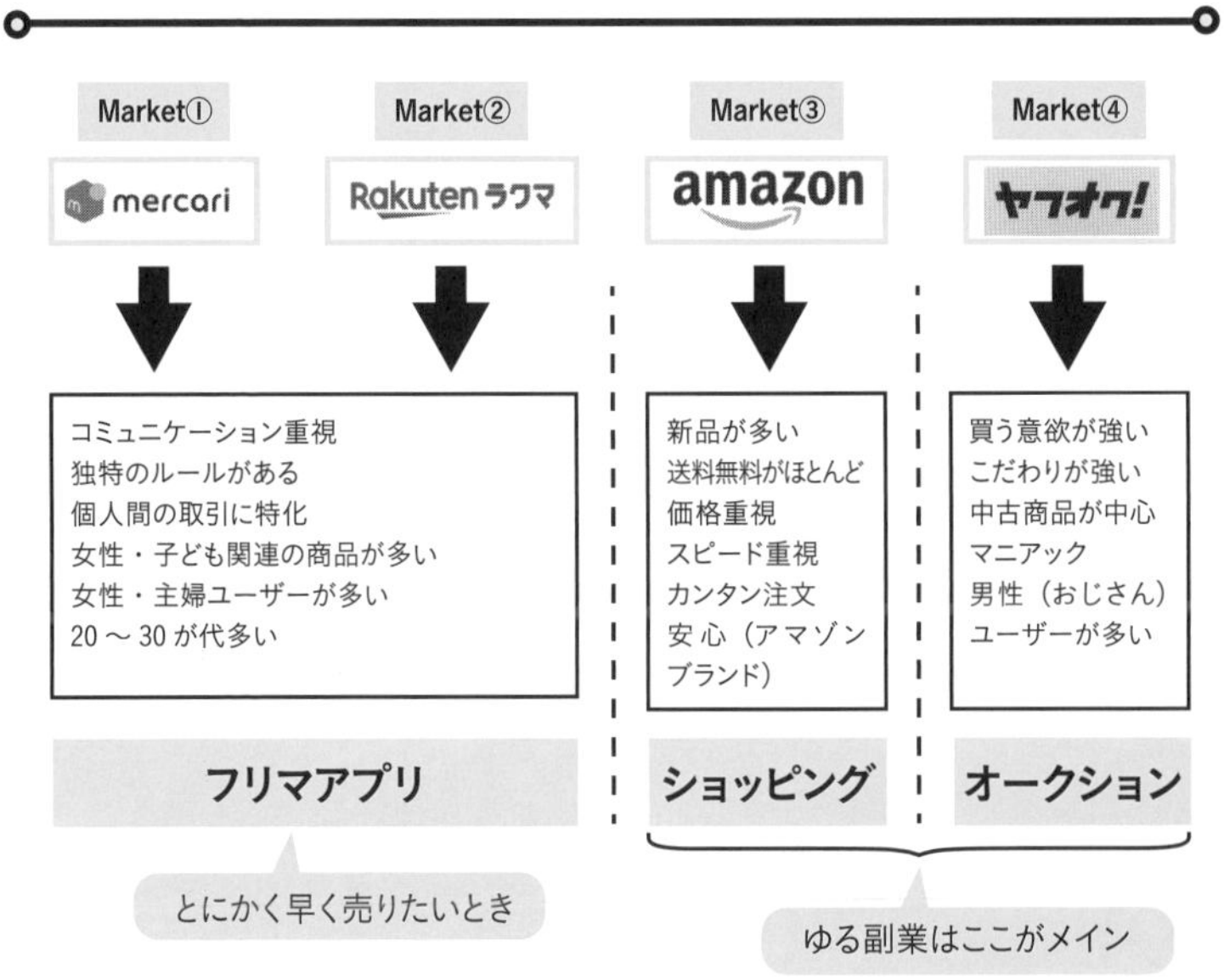

わせがあり、対応がけっこう手間です。また、再出品機能がないので、一度売れた商品は商品ページを作り直す必要があるなど、同じ商品を何度も売る出品者には面倒な仕様となっています。

とりあえず何でもよいから1つ売ってみたいという方にはよいと思います。ただ、Amazonやヤフオクの手軽さと比較すると手間が多いため、優先順位は低いという位置づけです。

Column 2

返品対応はどこまですべき？

返品は輸入に限らず物販をしていれば避けては通れません。本書で利用するAmazonとヤフオクでは対応方法が異なります。

ヤフオクの場合は取引や返品の基準を自分で決められます。例えば、「商品到着後3日以内の初期不良のみ返品可」というルールを作ることができます。ですが、中には「到着後5日だけど初期不良だから返品したい」という人もいます。こういう場合の原理原則は「返品対応は書いてあることのみ行う」です。この例では返品は受け付けない、となります。毅然と対応しましょう。

また、返金をしたのに商品がこないということもよくあります。たとえ自分の店のせいでも、返金より返品された商品を確認するのが絶対に先です。

一方Amazonではを利用する関係で、返品や返金の基準が決まっています。出品者は返品や返金の事実をメールを見て確認するだけです。**返品された商品は必ず自宅に返送して確認してください。**再販できるものはFBAに再納品し、その他は傷ありやジャンク品としてヤフオクに出品して処分します。たまにお客様側に問題のある返品があるのですが、その場合はAmazonのテクニカルサポートに連絡してください。出品者の言い分が認められれば、全額ではなくても、商品代金が支払われることがあります。

第3章

アメリカ輸入で稼ぐきほん

基礎知識　時短　コスト削減　売上アップ　センス不要　モチベーションアップ

eBay・Amazon.comに登録してみよう

ゆるポイント1 超カンタン登録！

ゆるポイント2 Amazonは日本と同じ！

eBayやAmazon.com（アメリカ）から商品を仕入れるためには、59ページの図のように会員登録が必要です。

eBayへの登録方法

まずはeBayからやっていきます。ホームページにアクセスし、左上にある「register」から会員登録を行います。フェイスブックやグーグルのアカウントでも登録できますが、ここではメールアドレスから登録します。名・姓の順で登録し、メールアドレス、パスワードを入力します。これで登録は完了です。とても簡単ですよね。あとは登録後に右上の「Ship to」で国旗が日本になっているか確認してください。もし違う国になっていた場合は日本に設定しておいてください。そうすることで、検索結果で日本に送ってくれる出品者が上位に表示されたり、日本までの送料が自動で表示されるなど、便利になります。住所登録や支払いの設定は買い物しながらでも可能ですが、トップページにアクセスして59ページの図の②~④の手順で発送先の住所を登録できます。

支払いに関しては、「PayPal」という決済サービスに登録し、eBayのアカウントとひもづけると支払いが簡単になります。「PayPal」はクレジット決済ができる電子マネーのようなものですが、世界中で使われています。電子マネーのようにデポジットの必要はなく、使った分は「PayPal」に登録されたクレジットカードや銀行口座から引き落とされます。登録は住所と同じAccount settingsで、Paymentsの Pay Pal Accountをクリックして、まだアカウントがない人は、New to Pay Pal?の「Sign up」からアカウント登録を行ってください。すでにPayPalアカウントを持っている人はその隣の「Link My PayPal account」から自分のアカウントとの紐づけを行ってください。これで、商品を購入できるようになりました。

アメリカのAmazonへの登録方法

続いてアメリカのAmazonへの登録方法です。まずホームページへアクセスしましょう。「Hello, Sign in」のところにマウスポインタを持っていき、表示されたメニューの、「New customer? Start here」から会員登録を行います。必要な情報を入力すると、ワンタイムパスワードが発行されますので、それを入力すると登録完了です。

住所や支払い方法の登録は、会員登録後のトップページのメニューから、「Your Account」をクリックします。次のページで「Your addresses」から発送先の住所の登録が可能です。支払い方法に関してはクレジットカードが基本になりますので、「Your Account」メニューの「Payment options」から行います。「Add a card」でカード情報を入力すると基本的な支払い方法として設定されます。複数のカードを登録したい場合もここから追加可能です。

また、eBayとAmazon.comともに、WebブラウザのグーグルクロームにあるGoogle右クリックで「日本語に翻訳」という機能を使えばいちいち英語を翻訳しないで他の機能も確認できます。登録料は発生しないので、なるべく早く登録は済ませておきましょう。

図3-1-1　eBayへの登録手順

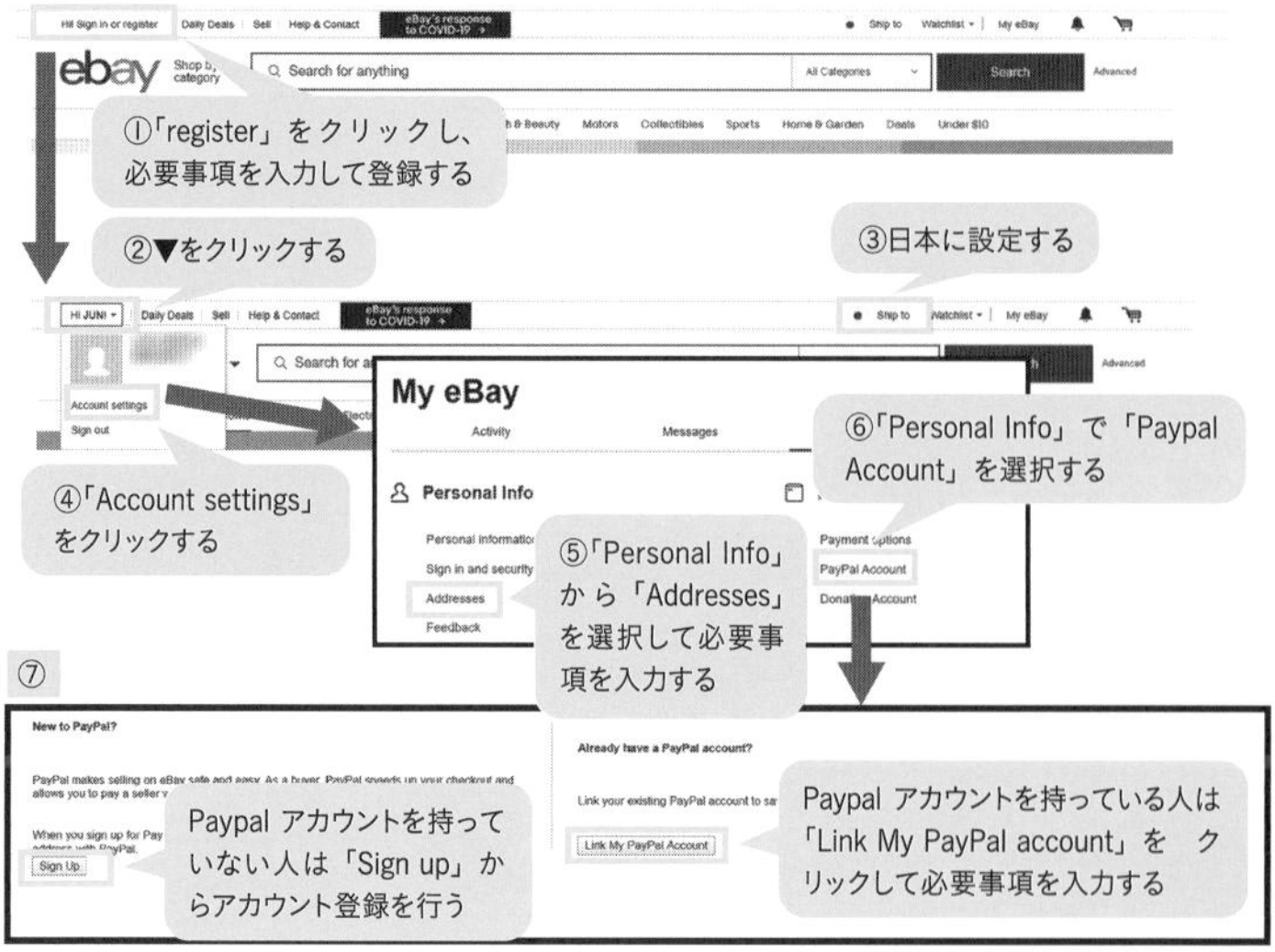

図3-1-2　Amazon.comへの登録手順

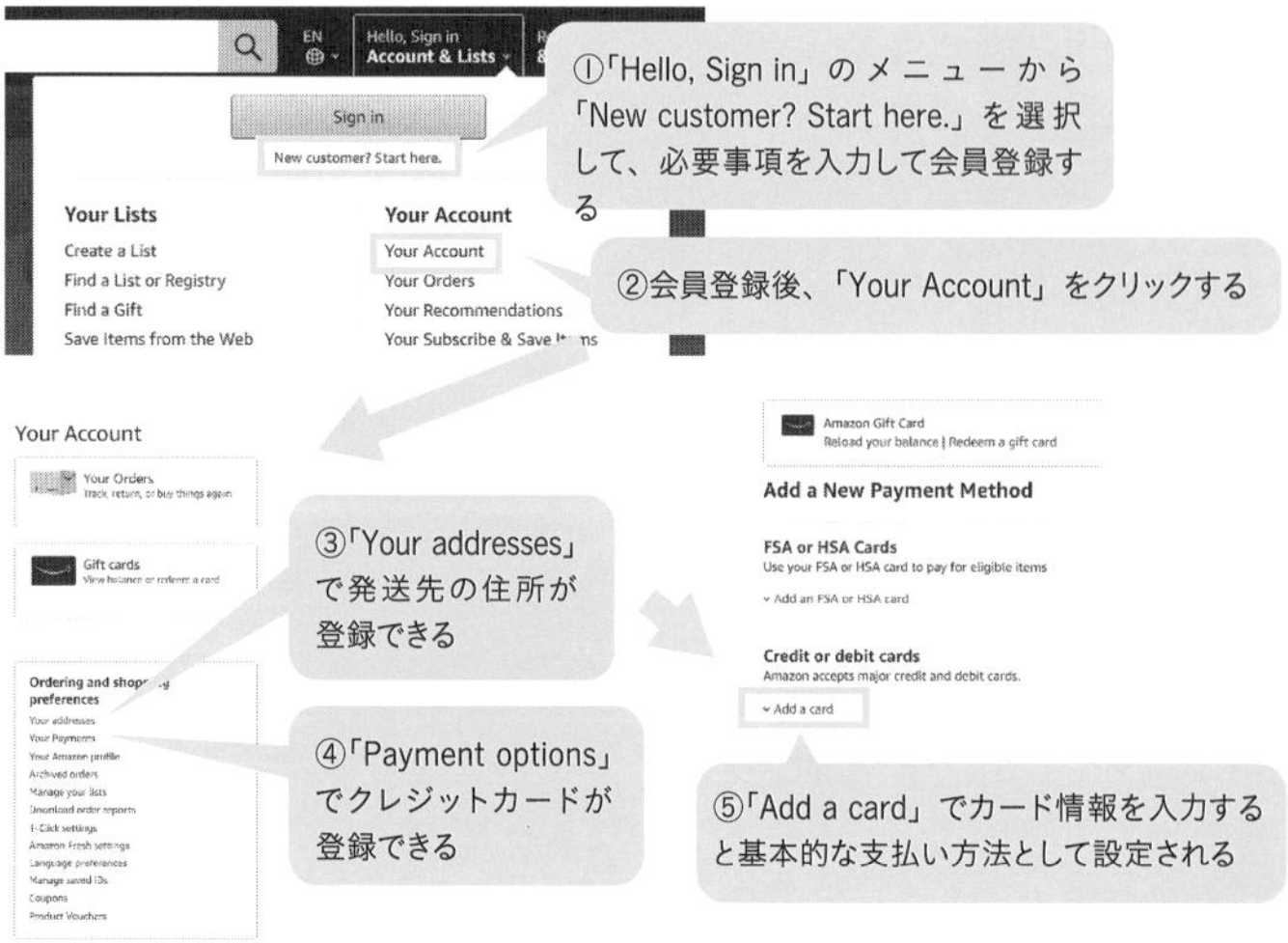

3-2

基礎知識　時短　コスト削減　売上アップ　センス不要　モチベーションアップ

eBayで仕入れてまずはヤフオクで売る

ゆるポイント1　安く買って高く売る物販の基本が学べる！

ゆるポイント2　手数料・固定費が安い

eBayで仕入れてヤフオクで売る理由

はじめてアメリカ輸入をする場合は、eBayからはじめましょう。理由は3つあり、「日本までの送料が明記されている」「オークション形式があるので安く買える可能性がある」「ヤフオクは手数料が安い」からです。購入時に日本までの送料がわかっていると利益計算もしやすいので、思った以上に経費がかかって赤字になった！　なんていうことを回避できます（アカウントでShip toを日本にしていることが前提）。また、eBayのオークション形式の場合、ヤフオクのような自動延長がないので、思ったより価格が上がらなかったりします。そして、**一般的な商品では価格勝負になりやすいのでライバルの少ないレアものや限定品を扱うのがおすすめです。**需要（買い手）が多くなり、在庫リスクを抑えることもできます。eBayから仕入れた商品はヤフオクで売ります。ヤフオクではほしい人がどんどん値段を上げるため、安く買って高く売る物販の基本を実践しやすいのです。「ヤフオクで売るのは、レアものなど1点ものを求めているユーザーが多い」「固定費、手数料が安い（1個なら無料でも出品できる）」「オークション形式で価格が上がることがある」というのが理由です。最初は元手も多くないでしょうし、いきなり同じ商品をいくつも買うのはかなりの勇気が必要でしょう。あと、**Amazonではなくヤフオクで売るのは、手数料がAmazonでは20％前後に対しヤフオクでは8〜10％と安いからです。**また出品アカウントの固定費も月額がヤフオク500円、Amazon4900円と大きな差があります。アメリカ輸入の場合、比較的仕入れ資金が大きくなりやすいため、まずは小さくはじめてうまく販売できた成功体験を積み上げてからたくさんの数を扱うようにしましょう。

最安値を知れるオークファンでリサーチしよう

ゆるポイント1　**過去に売れた商品がわかる**

ゆるポイント2　**後出しじゃんけんで仕入れられる**

いざはじめようと思っても、いったいどんな商品をeBayから仕入れたらよいのか？　そして、それはヤフオクで本当に売れるのだろうか？　ということがわかりませんよね。いくら限定品やレアものであっても誰もほしいと思っていない商品は売れません。

売れる商品探しのスタート

1番はじめにすることは「今、売れている商品を探すこと」です。「今、売れている商品」がいくらで売れているかがわかれば、あとはその価格より安く仕入れたらほぼ間違いなく売れるでしょうし、利益もとれるはずです。

図3-3-1　オークファンで落札相場を調べる

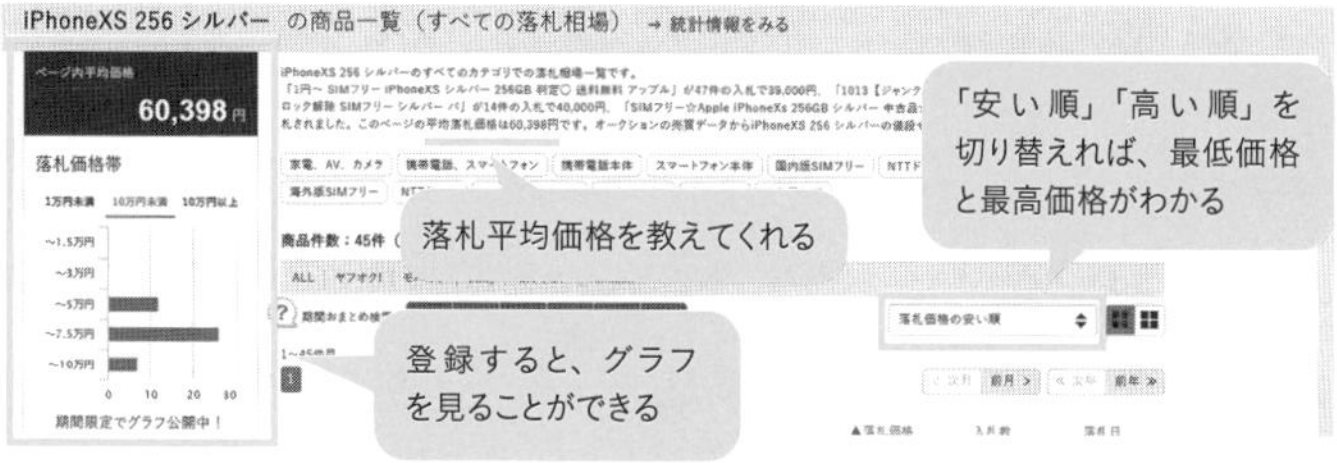

そのために使うのがヤフオクで落札されたデータを過去十数年にわたって保有している「オークファン（https://aucfan.com/）」です。このオークファンを使えば、その商品がヤフオクでいつ、いくらで、何個売れたのかがすべてわかってしまいます。まずはオークファンに会員登録してみてください。最初は無料会員で構いません。例えば、「iphoneXS 256 シルバー」の未使用品は直近30日（執筆時点）では件数が45件あり、平均が60398円、最高93000円、最低で39000円ということがわかります。仮に「iphoneXS 256 シルバー」の未使用品を39000円より安く仕入れてオークションに出品すれば確実に儲けられることになります。まるで「後出しじゃんけん」のようなことができるようになります。それでは、本題のオークファンを使ったアメリカ輸入の商品の探し方をお伝えします。

キーワードを使って仕入れる商品を探す

ヤフオクで販売されている輸入商品は、タイトルでレアものや限定品であることをアピールすることが多いです。一例を挙げると「海外限定」「日本未発売」「国内未（未発売・未販売・未入荷などがまとめてヒット）」などがあります。

ここではトップページから「海外限定」で検索します。次に絞り込む際は、**「ヤフオクのみ、10000円以上、新品」で再検索**してください。絞り込みの場合の検索ボタンは左下にあります。そして出てきた検索結果を価格の「高い順」に並べ替えます。単価があまり安いと数を売る必要が出てきますので10000円以上の商品を扱ってまず利益を増やします。中古品は中古の程度や付属品などがヤフオクとeBayの商品で一致しているか確認する必要があり、手間がかかるから新品に設定するのです。

次に、**検索結果から同じ商品で複数回売れているものを探します。**商品数が少ない場合は検索期間を延ばす、逆に多い場合は、価格帯の上限やカテゴリを絞ってください（その際に、いわゆるスーパーブランドと言われる、ルイヴィトンやグッチ、ティファニーなどは避けます）。調べたところ、「NIKEのエアジョーダン1」の海外限

図3-3-2　オークファンの活用

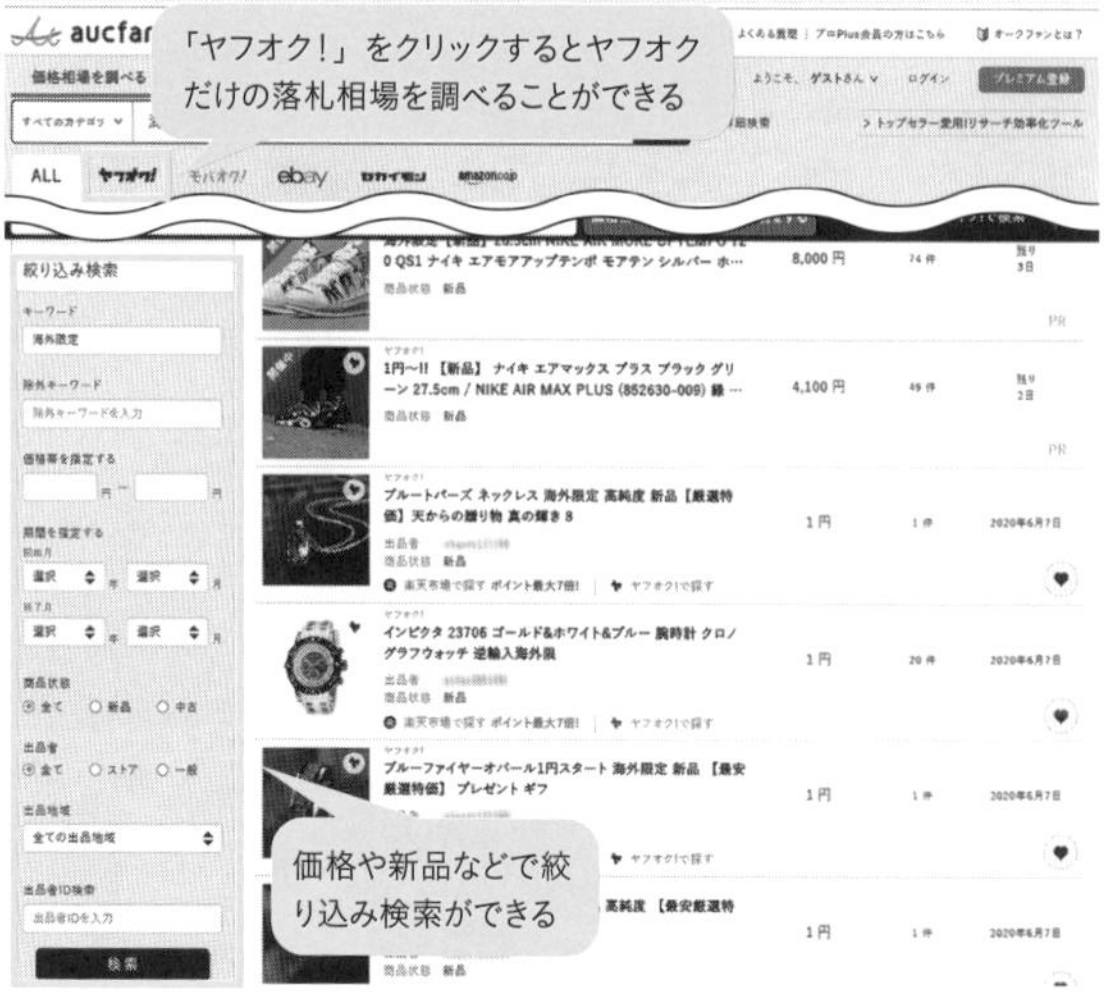
「ヤフオク!」をクリックするとヤフオクだけの落札相場を調べることができる
価格や新品などで絞り込み検索ができる

定モデル（パリ）という商品が候補として見つかりました。これが複数個（4個）、落札済みの複数の出品者（3人）がいて、最高値は42800円でした。同じサイズで複数回落札があったのは、28cm（USサイズ:10）です。価格は38000円でした。念のためこの商品をヤフオクで調べて同じ商品が大量に出品されていないか確認します。

問題なければeBayでリサーチをします。**eBayでは基本的に検索する語句はヤフオクのタイトルそのまま、もしくは英訳したもので行います。**商品を検索したら、左のメニュー「Condition」で「New」を選択します（New with tags（BOX）⇒

タグ（箱）付き新品、New without tags（BOX）⇒タグ（箱）なし新品、Pre-owned⇒中古、となります）。これでヤフオクもeBayも新品で探したことになりますので、確認すべきポイントは価格だけになります。

では先ほどの商品をeBayで探してみましょう。商品名に、サイズの10を加えた「NIKE Air Jordan 1 low Paris 10」です。すると、左の図の商品がヒットしました。この原稿を執筆している時点（2020年4月）でこの商品はUS $230・00（24731円）で販売されていたので、単純計算で38000－24731＝13269円の差額がある商品です。しかも、Buy It Now（即決購入）ができるほか、Make Offer（価格交渉）もできる商品なので交渉すればさらに差額幅が大きくなる可能性もあります。

eBayで仕入れる際の注意点

他の例では「海外限定エイトマン」のブリキのおもちゃがヤフオクで36000円で落札されていました。eBayでの価格が21661円、36000円で落札されているので、14339円の差額がありますね。新品でBuy It Now（即決購入）もできます。

図3-3-3　eBayで仕入れる

ですが、Buy It Nowをポチっとしてはいけません。この商品のItem location（出品者の地域）を見てください。「SHANGHAI, China」の記載があれば買わないでください。残念ながら中国から出品されている商品はほぼ100%コピー品です。他には、東南アジアの国々の商品はほぼ間違いなくコピー品です。それ以外には、評価が低い、評価の内容に「FAKE（偽物）」などの書き込みがあれば、その出品者、商品には手を出さないようにしてください。

3-4

基礎知識　時短　コスト削減　売上アップ　センス不要　モチベーションアップ

eBayで売れる商品と価格を一気にリサーチする

ゆるポイント1 まとめて商品をリサーチできる

ゆるポイント2 売れている商品がひと目でわかる

オークファンの弱点

前節で紹介したオークファンを使ったリサーチには弱点が1つあります。それは、常に1つひとつ目視で商品を探さなければならないということです。メンズシューズを検索して、落札額を高額順に並べ替えましたが、そこから「この商品とこの商品が同じで○個売れている」というのは目で追って数えていました。この場合、複数の商品を比較するのは大変ですし、検索期間が半年や1年など長期になれば不可能です。

効率的なCSVファイルのダウンロード

ここでは超効率的にリサーチできる方法をお伝えします。

使うのはオークファンの「CSVダウンロード」という機能です。CSVとは簡単に言うとパソコンのデータのやり取りで使われるファイル形式です。見た目はエクセルのような表になっています。「CSVダウンロード」はオークファンで検索した落札商品一覧をCSV形式でダウンロードできる機能です。そしてダウンロードされたCSVファイルをちょっと加工するとあっという間に売れている商品と個数が一気にわかるようになります。では早速、手順を解説していきましょう。

落札品を検索するまでは前節と同じです。ただ、**たくさんの商品を一気に調べられますので、検索結果が数百件でも大丈夫です。**「レゴブロック」を例に、まずオークファンでカテゴリを「おもちゃ∨ブロック、積み木∨LEGO」まで絞り込みます。これだけでは件数が多すぎるので、価格を20000円～79999円（8万円まで）、新品・未使用で期間を6か月間にしました。この段階で1137件の落札結果があります。これでは1商品ごとに目で追っていくのはほぼ不可能な作業です。そこで、左のカテゴリ選択の下にある「検索結果をダウンロード」をクリックするとポップアップが出てきてダウンロードの項目が選択できます。基本は全部にチェックが入っていますのでそのままダウンロードします。

CSVファイルを加工して商品を見つける

プレミアム会員の場合は、500件までとなっていますので、落札日の近い順で500/1137件がダウンロードできました。次にダウンロードしたCSVファイルを開きます。エクセルのようになっていますので、右上の「並べ替えとフィルター」で昇順降順どちらでも構いませんので「商品タイトル」で並べ替えをしてください。その際に並べ替えの確認がされますが「選択範囲を拡張する」のまま並べ替えをクリックすると商品タイトルで並べ替えられます。

同じ出品者が複数回売った商品は同じタイトルで出品されることが多いため、ひと目でわかります。左の図のエクセルで色をつけたところが複数回売れている同じ商品です。これからも売れる可能性があると考えて、商品名を英訳してeBayで調べます。レゴの場合はとても簡単で「LEGO＋品番」で同じ商品がすぐに出てきます。

図3-4-1　CSVのダウンロード方法

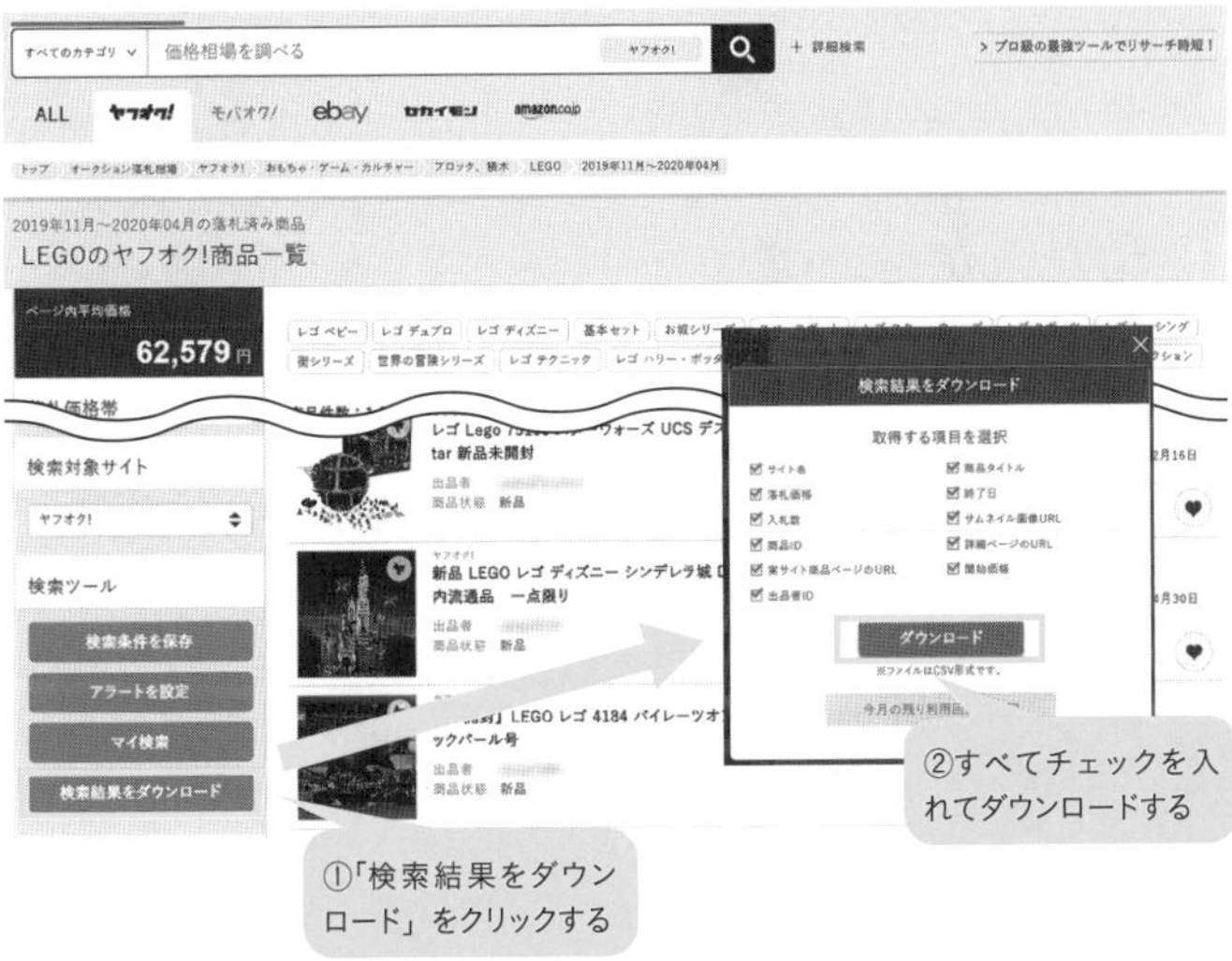
①「検索結果をダウンロード」をクリックする
②すべてチェックを入れてダウンロードする

図3-4-2　CVSファイルを加工する

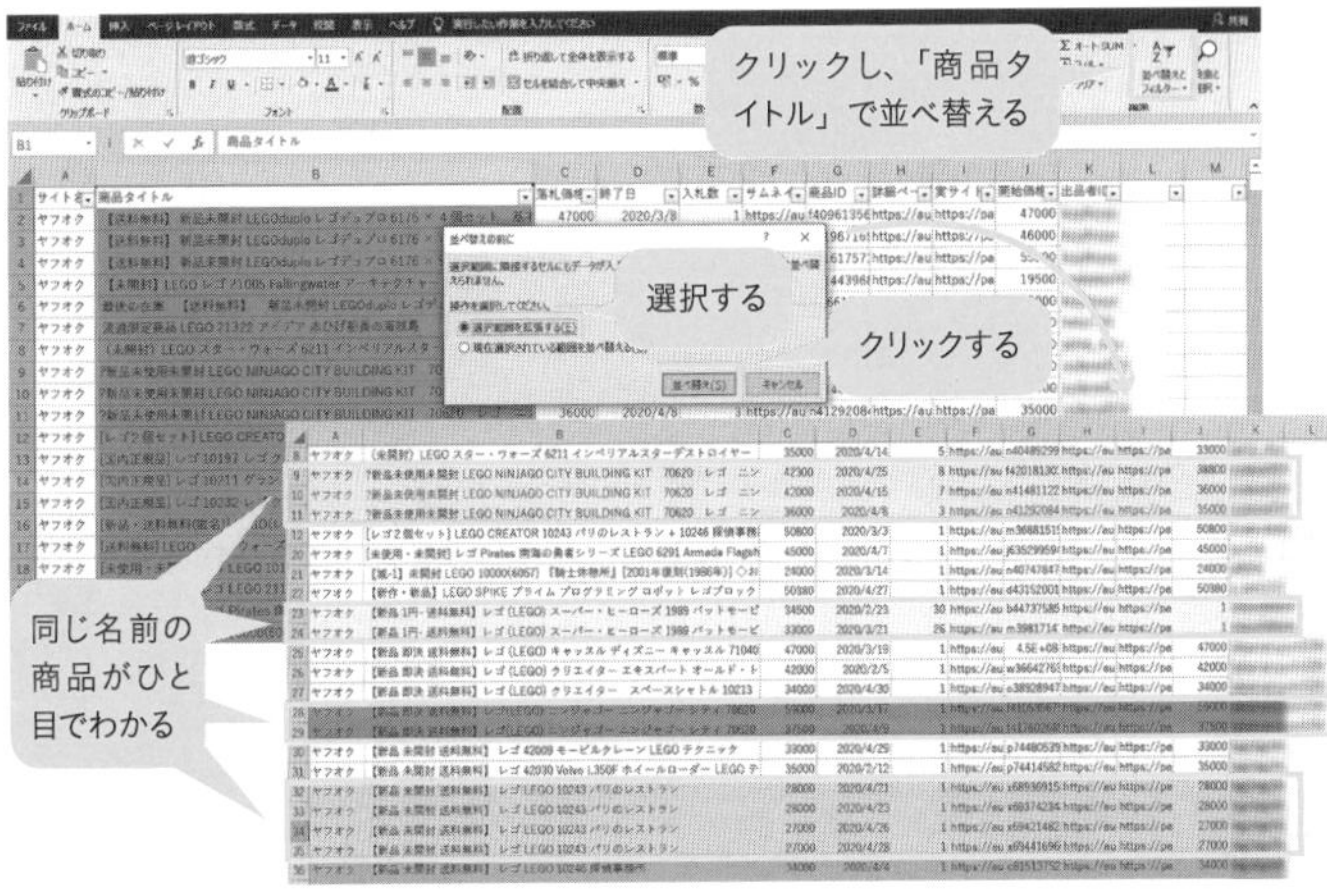
クリックし、「商品タイトル」で並べ替える
選択する
クリックする
同じ名前の商品がひと目でわかる

今回は「LEGO 71024」を探してみます。eBayで「LEGO 71024」で検索し、コンディションをNewにし、ロケーションをNorth Americaにしたところ、大量にでてきたため、ヤフオクのタイトルにあるBOXを足した結果、左の図の商品がヒットしました。

価格がUS $229.00（日本円で24621円）、ヤフオクの落札価格が40000円だったので、15378円の差額があります。Shipping（送料）も$19.92（日本円2142円）なので、送料とヤフオクの落札手数料を差し引いても10000円前後の利益がでる商品です。さらに、値下げ交渉をすれば、利益を大きくできる可能性があります。ヤフオクの出品状況を見たところBOXの商品はないので、この執筆時点ではライバル不在の商品です。

また、CSVファイルは**一定の期間での販売数がわかるため、無駄な在庫を抱えることがありません。**例えば、先ほどの商品は6か月で2個の落札結果があったので、つまり3か月で1個売れると仮定できます。さらにこのときの出品者は「9 available/1 sold」とあるように在庫が9個あってこれまでに1個売れた、と表示があるため、継続して仕入れられそうです。

図3-4-3　オークファンで落札相場を調べる

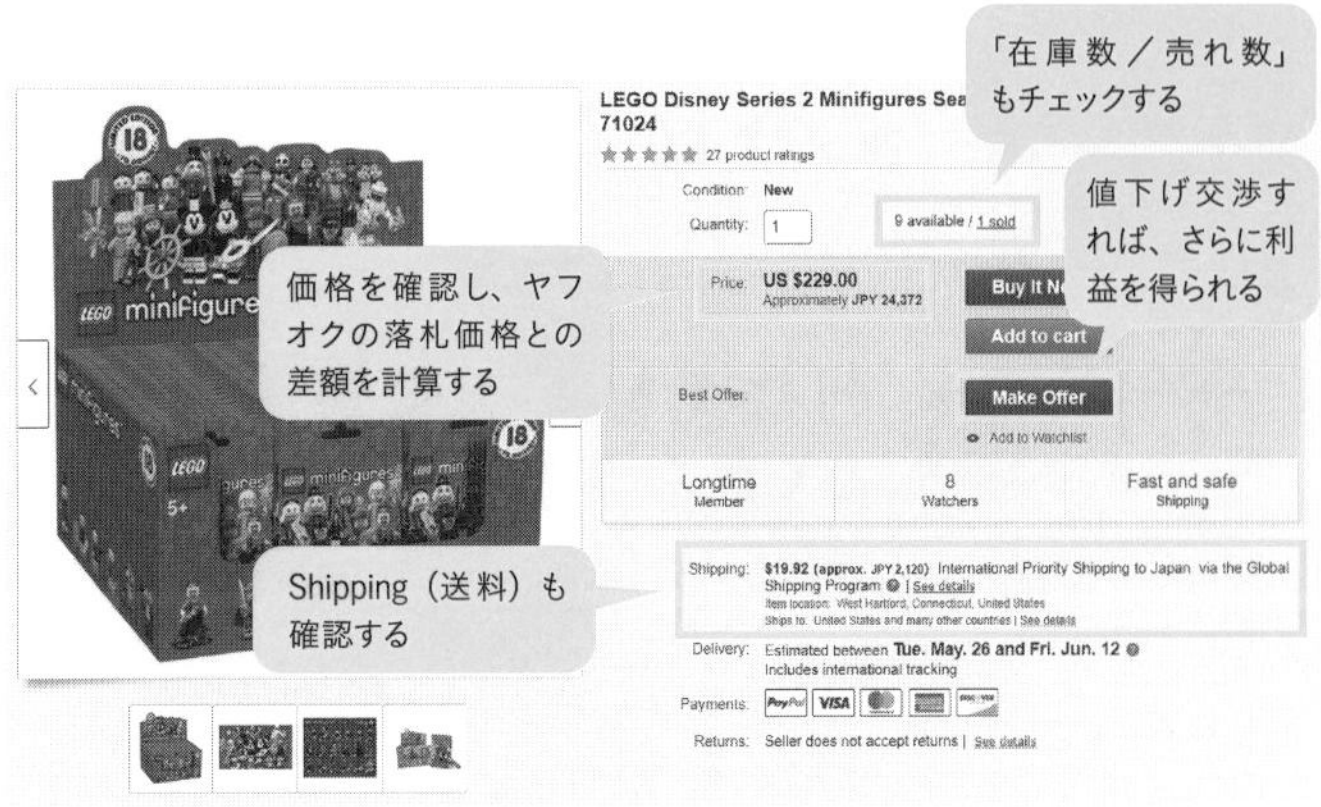

落札データダウンロードは一般会員（無料）だと月3回までで、プレミアム会員（月額908円（税抜））だと月20回までで、1回あたり500件までできます。さらにオークファンプロPlus（月額10000円（税抜））だと無制限で最大5000件まで増やせます※。効率を考えた場合には、プレミアム会員からはじめてみるのがよいでしょう。

※ ヤフオクでたくさん売っている人をリサーチできるオークファンプロPlusの「トップセラー分析」という機能とこのCSVダウンロードを組み合わせるとさらに簡単に商品が見つかるようになります。このトップセラー分析を使ったリサーチ方法は本書の特典として動画でご用意しています。

基礎知識　時短　コスト削減　売上アップ　センス不要　モチベーションアップ

eBayを使って ほったらかしで仕入れる

ゆるポイント1　**利益商材予備軍がたくさん集まる!**

ゆるポイント2　**儲かる商品がわかって儲かる価格で買える**

実は、**リサーチした商品がその時点で利益がでる価格で出品されているのは、まれなケースです。**それは、あなた以外にもたくさんの人が儲かる商品を探していますので、あなたがリサーチしたそのときに利益がでる商品があったらそれはかなりラッキーなことなのです。そうすると、四六時中リサーチをしないと儲けられないのか、となりますがもちろんそんなしんどいことはやりません。

検索条件を保存するアドバンスドサーチ

もっと簡単に儲かる商品を探すため

に必要なのがeBayのアドバンスドサーチとスナイプツールです。 まず、アドバンスドサーチから解説していきますが、簡単に言うと「検索条件の保存機能」です。例えば、先ほどのレゴであれば、「LEGO　品番」とコンディションは新品、ロケーションがNorth Americaでした。その検索条件を保存しておき、**もしこの条件に当てはまる商品が出品されたらアラート（通知）が送られてくる機能**です。なぜ、これが必要かと言えば、リサーチした時点では利益が出なくても過去の販売価格を見ると利益がでる価格で売られていたことがあるからです。確認するには左のメニューの下のほうにあるShow OnlyのSold Itemsにチェックを入れます。これはヤフオクの落札品検索と同じで過去120日間で売れたものが検索できます。もし、ここで過去に安く売られていたことがわかれば、再度似たような価格で出てくる可能性もあります。**希望価格で出品されたときにいち早くその情報をつかむことが利益を生む秘訣です。**

例えばレゴのマインクラフト（品番：21117）という商品があります。ヤフオクでは25500円で複数個落札されていました。しかしeBayでは現時点で20000円前後でしたので送料などを考えるととても利益はとれません。

ここで諦めてはいけません。eBayで過去の販売履歴も確認してみましょう。する

図3-5　アドバンスドサーチの設定方法

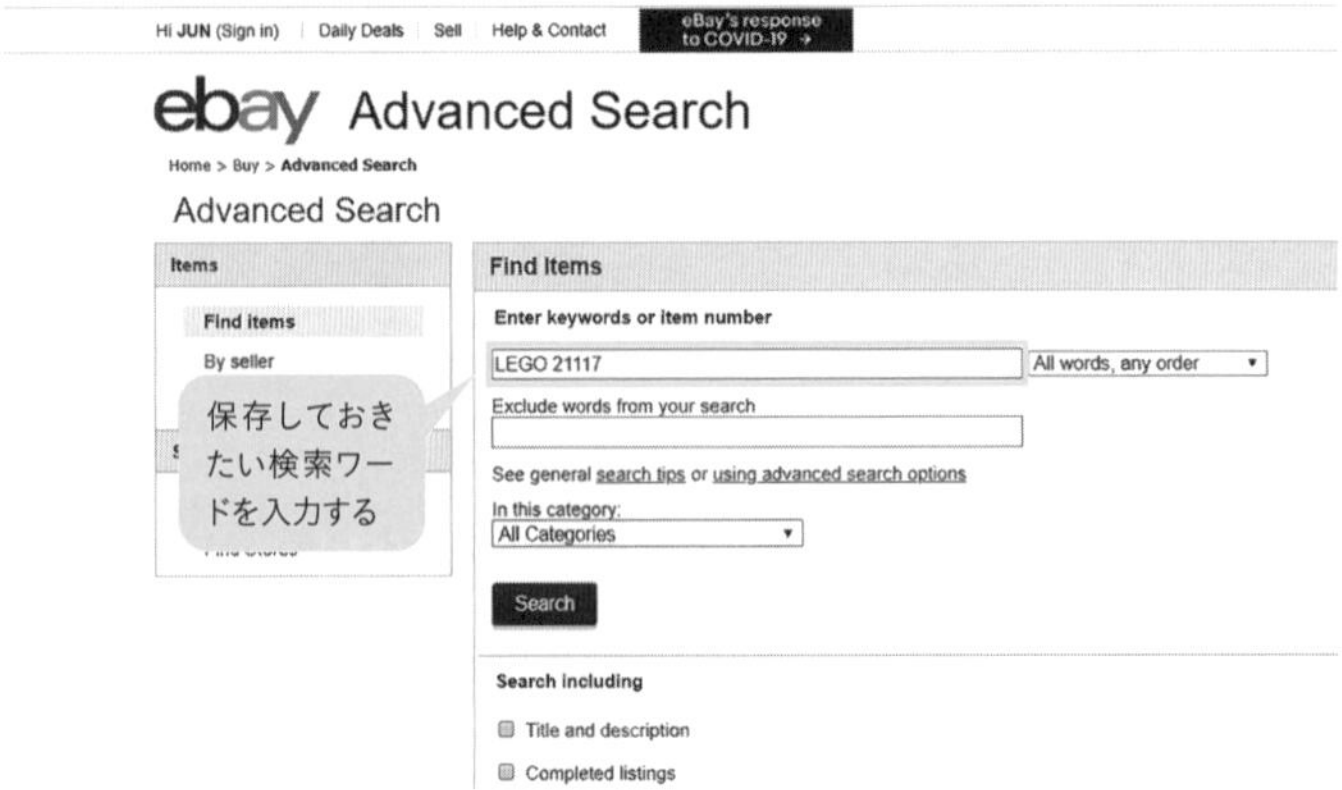

とその中で、11174円で販売されていた過去がありました。もし、この価格で買えたとしたら送料を足しても14000円ほどで仕入れられます。ヤフオクでは25500円で落札があったので11000円ほどの粗利益が見込めます。利益がでなかった商品があっという間に「利益商材予備軍」に変わりました。こういった利益商材予備軍をどんどんアドバンスドサーチに登録して利益がでる価格で出品されたらアラートがくるようにしておきます。あとは、アラートがくるのを待っていて利益がでると確認できれば即購入してヤフオクで販売すれば儲かることになります。リサーチ時点で利益がでなくても、過去の結果を見て利益がでる価格での販売実績が

あるようならアドバンスドサーチに登録してそのときを待ちましょう。

自動で入札できるスナイプ

最後にスナイプについて解説します。スナイプとは入札予約ツールのことです。設定した時間と価格でツールが自動的にオークションに入札してくれます。eBayでは、即決の「Buy It Now」の他にオークション形式での出品もされています。終了時間に常にネットに接続するのは難しいので、ツールで時間と価格を設定しておくのが無難です。**また、eBayのオークションはヤフオクとは違い、終了5分前に入札があっても延長がありません。**終了時間ぎりぎりのタイミングで入札する必要があるのでツールを使いましょう。

代表的なツールに、「GIXEN（https://www.gixen.com/index.php）」があります。無料でも使えますが、回数に制限があり1か月あたり4回まで落札可能で、有料版にすると無制限です。入札のコツとしては「落札できる価格」で入札するのではなく、「落札できたら絶対に利益がでる価格」で入札することです。Sold Itemsの最低販売価格を参考に入札していきましょう。

3-6

基礎知識　時短　コスト削減　売上アップ　センス不要　モチベーションアップ

ヤフオクで売れている出品者をマネする

ゆるポイント1 ヤフオクで売っている人を丸裸にできる

ゆるポイント2 あとはその人をマネるだけ

ヤフオクで過去に落札された商品と同じ商品がeBayにあり、差額があるなら仕入れて販売する、現時点では差額のある商品がなくてもeBayの過去の販売履歴（Sold Items）を見て可能性があるならアドバンスドサーチして購入またはスナイプ入札で仕入れます。

ここまでの流れは解説しましたが、**ネット販売で儲けるポイントは売れ筋商品を探すところにあると言っても過言ではありません。**リサーチのところでは「海外限定」「日本未発売」などのワードを紹介しましたが、それだけではリサーチの幅は広がりません。よりよい商品をよりたくさん、そしてゆるく稼ぐために効率的に探す必要があります。

ヤフオクのトップセラーから売れ筋商品を探す

そこでここから使うのがオークファンプロPlusというツールで、「トップセラー分析」という機能がリサーチにすごく役立ちます。概要としては、ヤフオクでのトップセラー（たくさん売っている人）を調べるツールです。一からヤフオク全体で売れ筋商品を探すよりも、こういう**トップセラーを見つけてその人が扱っている商品の中から売れ筋をリサーチしたほうが、作業的に効率よく儲かります。**

早速やってみましょう。まず、ホームページから、81ページの図のようにトップセラー分析のページに移動します。キーワードは入れずに、カテゴリを下っていきましょう。期間の設定は、検索できれば90日がよいです。重すぎて検索できない場合は期間を短くしましょう。今回は輸入の王道ミニカーでやってみます。カテゴリは、「おもちゃ、ゲーム＞ミニカー＞自動車」です。ブランド別になるまで絞る必要はありません。サンプルはわかりやすいように30日の結果で見ています。まず驚くのが、1位の人はなんとミニカーだけで月間500万円近くを売っていることです。間違いなくトップセラーですが、個人でゆるく稼ぐとなるとこの人はレベルが違いすぎて参考になりません。**だいたい自分の稼ぎたい金額に近い出品者を参考にするとよいです。**他にも、1件出品で1件落札の出品者、出品数や落札数が多い出品者（30日で300件を超えると毎日10件以上の出品や出荷が必要で大変）、落札率が90％以上の出品者（1円スタートがメインなので落札率は高くても利益がでるかは不明）は省きます。

理想の**落札率は20〜70％がベターで、落札単価は1000円以上です。**仮に月に10万円の収入がほしいとして、利益率を20％とすると売上では50万円くらいになります。ターゲットが見つかれば、その出品者のIDにマウスポインタを持っていきます。その中で「過去30日の落札品一覧を表示」をクリックすると相場検索のページに飛び、その出品者が過去30日で販売した商品の一覧が表示されます。後は通常のリサーチと同じで高額順に並べ替え、複数販売しているものをeBayで探す、という流れです。もちろんカテゴリから探していますので、輸入商品以外も混じっています。しかし、トップセラーを見つけられるということは、キーワードがわからなくても、商品に詳しくなくてもヤフオクで売れている商品を見つけられることを意味しています。ですのでよりゆるく稼ぐにはよいツールと機能です。

図3-6　オークファンプロPlusでトップセラーを探す

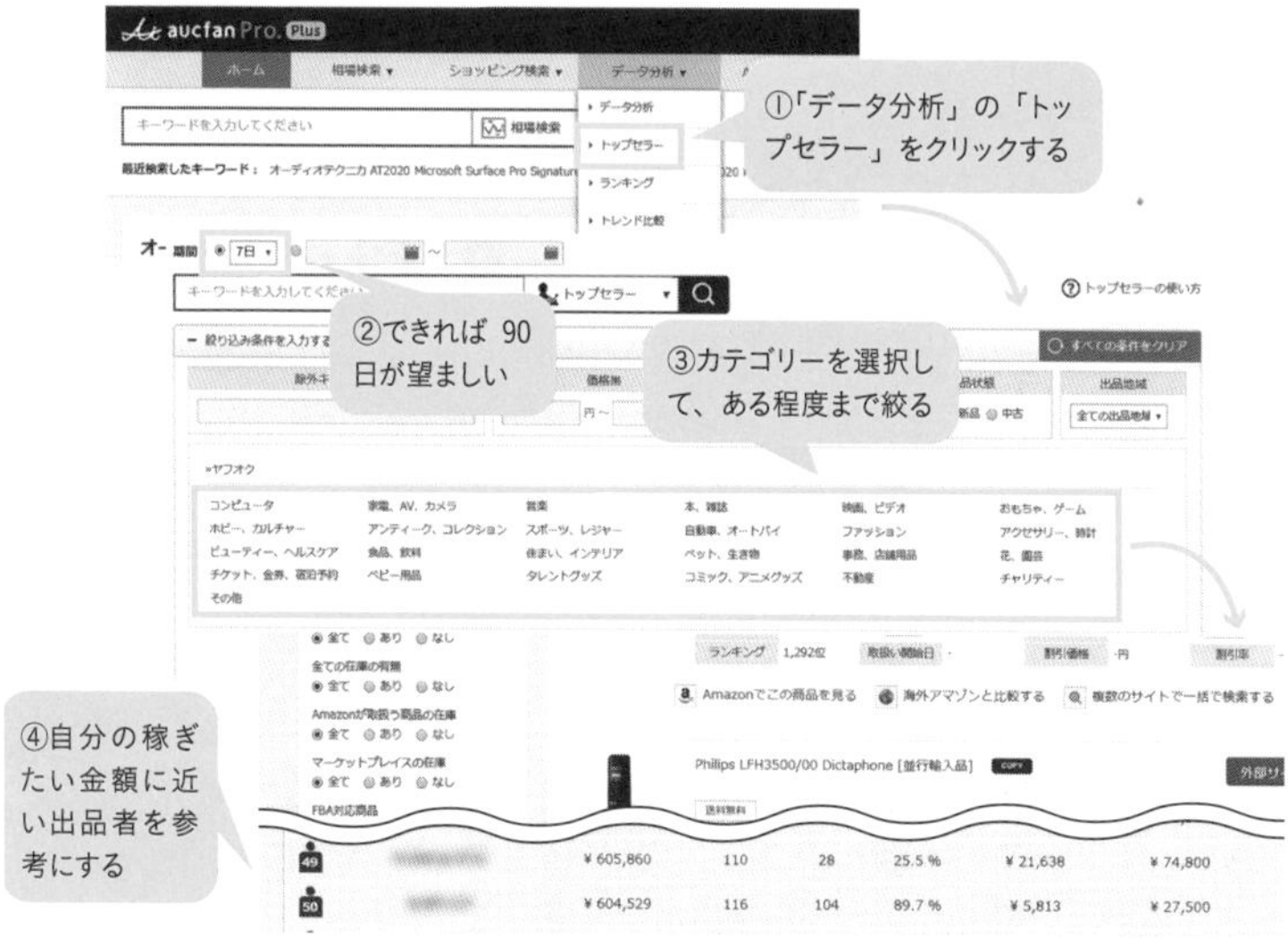
①「データ分析」の「トップセラー」をクリックする
②できれば 90日が望ましい
③カテゴリーを選択して、ある程度まで絞る
④自分の稼ぎたい金額に近い出品者を参考にする

オークファンのその他のメリット

もっと言えば、4節の「CSVファイルのダウンロード機能」はお伝えした通り、回数無制限です。ですので、「トップセラーを探す⇓落札品一覧を表示⇓期間を指定⇓CSVでダウンロードする⇓ファイルを加工して売れ筋商品を見つける」という流れが圧倒的に効率よくできるようになります。今回紹介したツールは有料ですが、本書の購読者に限り1か月間の無料特典があります。詳細は6ページを確認ください。

3-7

基礎知識　時短　コスト削減　売上アップ　センス不要　モチベーションアップ

アメリカのAmazonから仕入れ日本のAmazonで売る

ゆるポイント1　ヤフオクもAmazonもこれ1つでOK「オークファンプロPlus」

ゆるポイント2　「グローバル検索」なら日本もアメリカも一覧で検索できる

Amazonで売る理由

ヤフオクで落札結果を調べてeBayで探しても差額がほぼなく、利益がでない商品があります。過去の購入結果を調べて利益がでる価格で売れていれば、アドバンスドサーチに入れておけばいつかでるかもしれませんが、できればリサーチ時に儲かる商品を見つけたいですよね。ですが、この儲からないのはあくまで、「eBayで仕入れてヤフオクで販売する場合」です。

では、ヤフオク以外にはどこがよいのでしょうか？　条件としては、売れるサイトであるのはもちろん、すぐに出品できることが条件になります。例えば楽天は日本最大のモールですので確かに売れるかもしれませんが、出店に至るまでの過程はとても簡単とは言えません。その条件を満たす最大のモールはAmazonです。

日本のAmazonで売れている価格をリサーチする

前提としてその商品が日本のAmazonで売れていることが求められます。そのためにはAmazonの売れ行きを調べるツールが必要なのですが、実は前節で利用したオークファンプロPlusでは、ヤフオクの検索や分析の他に、Amazonの商品の売れ行きも調べることができます。

では、例として「LEGO　21121」を調べてみます。この商品はヤフオクの落札品検索では、10000円でした。ちなみに、仕入れ値をeBayでリサーチすると新品未開封では12000円前後＋送料でした。そこで、この商品をオークファンプロの「Amazon検索」を使って調べると、キーワード「LEGO　21121」で発見できました。**Amazonは日本の正規品と並行輸入品のページを分けていますので、タイトルの最後に「並行輸入品」と入れて商品を検索します。**その結果、新品の販売価格は最低でも20432円で、ヤフオクよりも10000円以上高額で売られていました。**売れ行きはランキングのグラフの上下動で判断する**のですが、大人気とはいかなくても定期的に売れていますので少量であれば仕入れも可能と見ます。

Amazonの手数料には注意

注意すべきは、ヤフオクは通常落札価格の10％（Yahoo!プレミアムは8・8％）の手数料ですが、Amazonはカテゴリによって変わり、FBAを利用すると手数料は20％を超える点です。Amazonの手数料を差し引いて利益を計算しないと結局損をする商品を仕入れることになります。

今後はリサーチと販売を「ヤフオク⇒eBay」「Amazon.co.jp⇒eBay」「ヤフオク⇒Amazon.com」「Amazon.co.jp⇒Amazon.com」の4通りの中で利益がとれるところに決めればよいということになります。ちなみに、オークファンプロPlusには、「グローバル検索」という機能があり、一度に、eBay、AmazonJP、Amazon.com、ヤフオクの出品中、落札相場が横断的に検索でき、一覧で表示させることができます。

図3-7-1　Amazonで売れるかチェックする

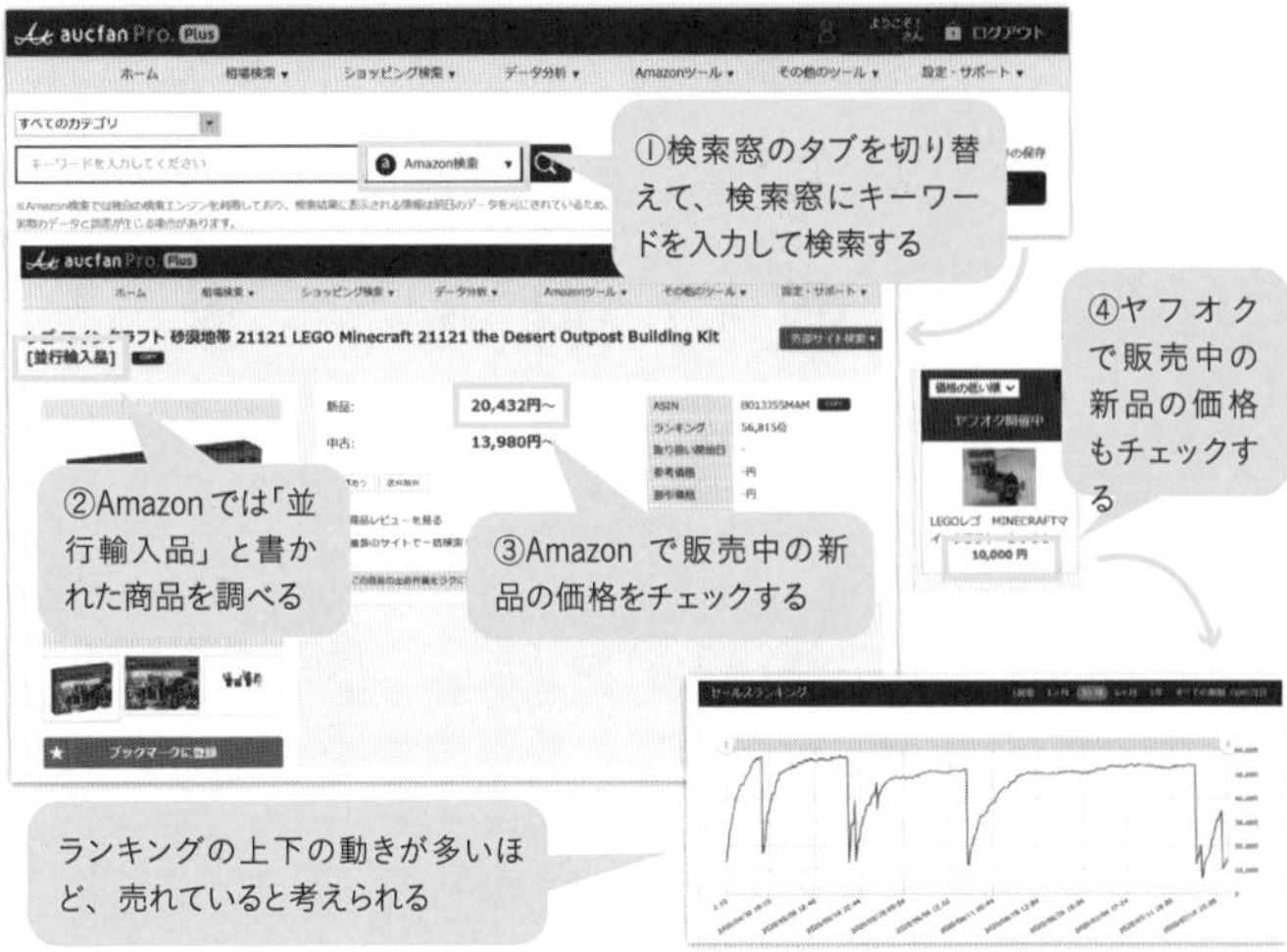
①検索窓のタブを切り替えて、検索窓にキーワードを入力して検索する
②Amazonでは「並行輸入品」と書かれた商品を調べる
③Amazon で販売中の新品の価格をチェックする
④ヤフオクで販売中の新品の価格もチェックする
ランキングの上下の動きが多いほど、売れていると考えられる

図3-7-2　オークファンプロPlusの横断検索できる機能

グローバル検索
LEGO 21121
Amazon 日本
Amazon アメリカ
eBay アメリカ
ヤフオク開催中
ヤフオク落札相場
販売価格がすぐわかる
仕入れ値も調べられる
日本やアメリカの Amazon、eBay、ヤフオクなど、一気に検索して見ることができる

3-8

定価以上の検索と並行輸入

ゆるポイント1 **並行輸入品の儲かる商品が一瞬でわかる**

ゆるポイント2 **「大きな利益が見込めそうな商品」がわかる**

本書ではブランドやメーカーの正規代理店を通さずに真正品を輸入（並行輸入）しています。実はAmazonにはこういった並行輸入を扱う際のルールがあって、商品名の最後に必ず「並行輸入品」と入れなければなりません。ですので、そのままAmazonで並行輸入と入れればたくさんの商品がヒットします。手数料などの分、売値も高くなるので、あとは価格帯で20000円以上、比較しやすくするために新品、ランキングなどを指定して絞り込んでいきます。

Amazonで儲かる商品を探す方法

並行輸入品が全部売れているわけではありませんので、リサーチが必要です。本節ではオークファンプロＰｌｕｓを使います。ヒットした商品名をクリックするとランキングの動きの他、価格や出品者数の推移や推定販売数など詳細な情報がわかります。

そこから売れていると判断できれば、条件にはまった商品を順番にｅＢａｙやAmazonで探して仕入れるだけですが、その際にちょっと面白い「海外Amazonと比較する」という機能が商品詳細ページにあります。ここをクリックすると一瞬で海外のAmazonで売っているか、差額があるかの情報がわかります。販売の有無、価格（日本円換算）やレートの他に「Amazon.co.jpとの差額」という項目がありますが、ここがマイナスで表示されていたら、それは海外のほうが日本よりも安く売られていることを意味します。例えば「マイナス１４５０１円」となっているということは、海外で購入して日本で売れば、１４５０１円儲かる可能性があるということです。

並行輸入に関してはおまけの調べ方があります。それは「並行輸入」を誤って「平行輸入」と入力している商品を検索する方法です。これは完全な間違いで出品数は多くありませんが、よい商品がたまにあったりするので時々調べてみてください。

プレミア商品を探す方法

「大きな利益が見込めそうな商品」とはどんなものだと思いますか？

1つは仕入れ原価が安い商品です。通常販売価格よりも大幅に安く買えれば大きな利益が見込めます。もう1つは仕入れ原価を下げる以外には、高く売るしかありません。高く売れる商品は、生産数が少ないものや、季節商品や他社とのコラボなどの限定品です。これらはプレミア商品と呼ばれます。

定価以上で販売されている商品のみを調べる機能がオークファンプロＰｌｕｓにはあります。 Amazonリサーチの左にある絞り込み検索の一番下にある「オプション　定価以上の商品のみ表示」にチェックを入れて検索するだけです。例えば、レトロゲームの新品ソフトにプレミアがつくことがありますが、そういう商品は意外に海外にあったりします。さらに、検索結果には商品ごとに定価からのアップ率がわかる「高値率」も出ています。例えば「200％」とあれば定価の2倍で売られているという意味です。

あとは、商品情報を確認して売れていれば、とにかくこの商品を手に入れるだけです。

図3-8　便利なAmazonリサーチ機能

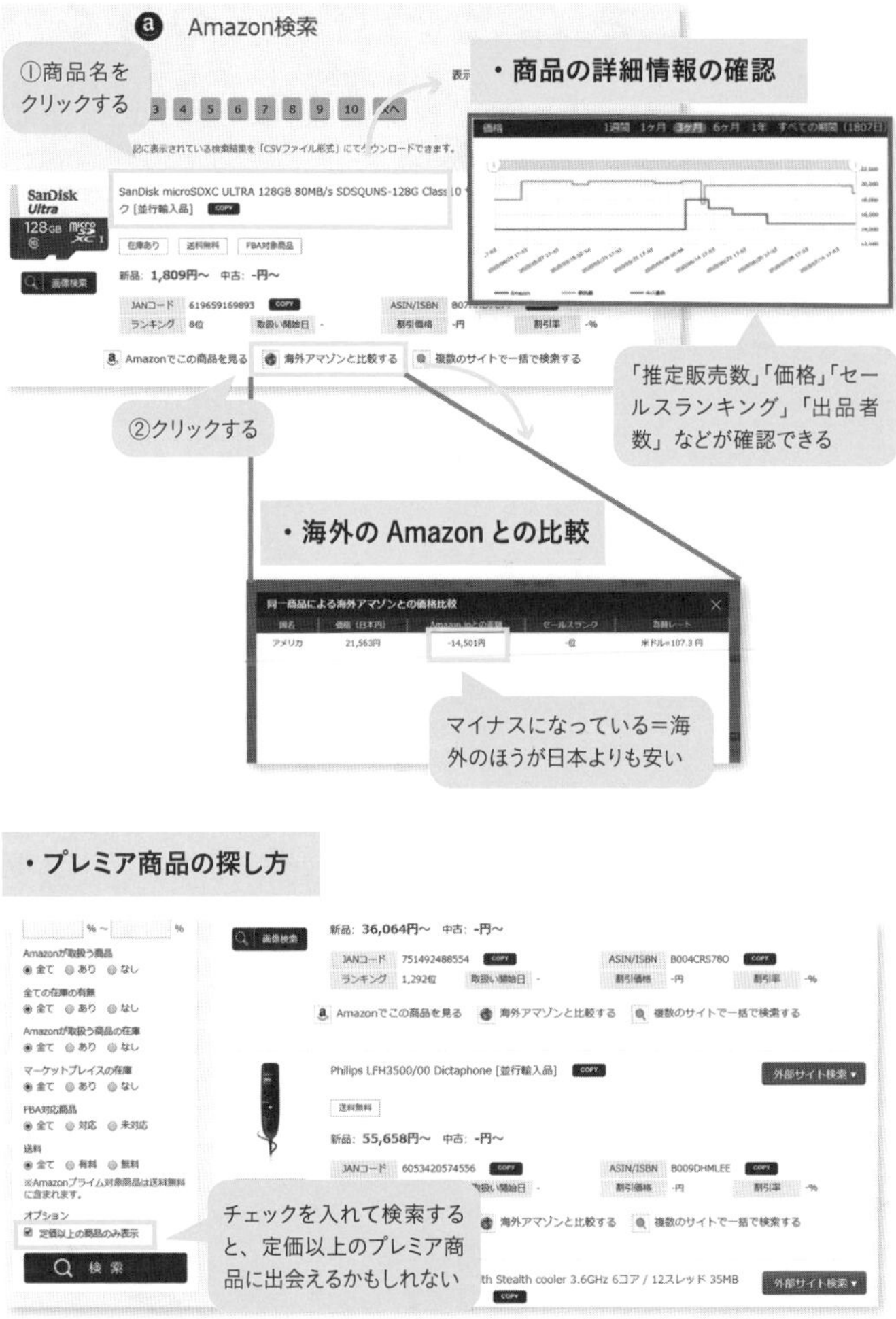

Amazon検索
①商品名をクリックする
・商品の詳細情報の確認
「推定販売数」「価格」「セールスランキング」「出品者数」などが確認できる
②クリックする
・海外の Amazon との比較
マイナスになっている＝海外のほうが日本よりも安い
・プレミア商品の探し方
チェックを入れて検索すると、定価以上のプレミア商品に出会えるかもしれない

3-9

専門知識　時短　コスト削減　**売上アップ**　センス不要　モチベーションアップ

慣れてきたらAmazonとヤフオクで併売しよう

ゆるポイント1　一番簡単に売上を伸ばす方法は「売り場を増やす」こと

ゆるポイント2　同じ商品を複数の場所で販売して効率アップ

ある程度慣れてくると、そこそこの数が売れるようになります。すると、ヤフオクだけでは売れる数にも上限がありますので、徐々に売上が伸びなくなってきます。ある意味で嬉しい悩みではありますが、そのままにしておくのももったいないですよね。もっと売れる方法があるのなら、ゆるく稼げる範囲と方法で伸ばしていきたいものです。売上を伸ばす方法は新商品を追加するなどがありますが、**一番簡単に伸ばせる方法は「売り場を増やす」ことです。**つまり、ヤフオクまたはAmazonの1か所で売るのではなく、同じ商品を他の場所でも売ろうというものです。前節でリサーチと販売は「ヤフオク⇒eBay」「Amazon.co.jp⇒eBay」「ヤフオク⇒Amazon.com」「Amazon.co.jp⇒Amazon.com」の4通りだと言いましたが、つまり「eBay⇒ヤフオクとAmazon.co.jp」もアリです。同じ商品を2か所で売るので、お客さんの層も違いますしそれだけ売れる確率が上がります。これを「併売《へいばい》」と言います。この併売はヤフオクで売っている商品をただAmazonにも載せるだけなので、基本的には何も変わりません。アカウントを作って出品作業をするだけです。

2か所以上で併売するときの最悪なミス

一番注意しなければいけないのが「在庫」です。在庫の調整を誤ると機会損失ならまだましですが、最悪、**商品がないのに売ってしまう「空売り」をしてしまう可能性があります。**空売りはヤフオクでもAmazonでも大きなペナルティとなりますので細心の注意を払ってください。

これを防ぐ簡単な方法は、在庫数以上に販売可能数を設定しない、ということです。例えば在庫が1個しかない商品をヤフオクとAmazonで売って両方で売れた場合、確実に商品は足りません。AmazonのＦＢＡを利用している場合はAmazonで空売りはありませんが、ヤフオクでは起きてしまいます。

在庫数が複数ある場合は工夫が必要です。例えばAmazonのＦＢＡに在庫が10個あるからとヤフオクに1個なら大丈夫だろうと出品しても、Amazonで急に10個売れることもあり、運悪くそのときにヤフオクでも売れてしまうこともあります。

ですので、こういう場合は、10個の在庫があったとして、まずAmazonのＦＢＡに9個納品します。手元に1個残します。そしてヤフオクに1個出品します。**ヤフオクでの出品数は常に1個にしておけば、最悪Amazonとヤフオクで同時に売り切れても空売りすることはありません。**

マルチチャネルを使ってヤフオクでも自動発送する

そしてヤフオクで売れたらAmazonのＦＢＡからマルチチャネル（Amazon以外で商品が売れてもAmazonがＦＢＡにある商品を発送してくれるサービス）を利用して発送します。ヤフオクで売れた商品をAmazon FBAのマルチチャネルで出荷するのは、まず費用が個別に宅配便で発送するよりも安いことや全国一律料金なので、ヤフオク

図3-9　販売経路の増やし方

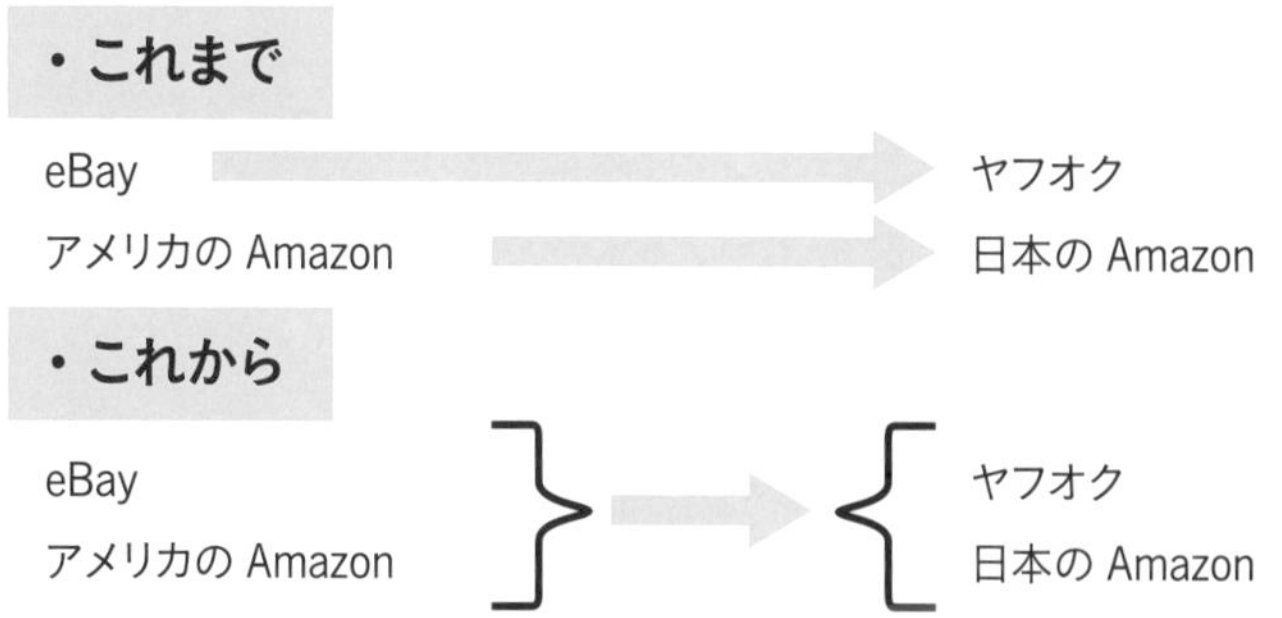

納品と発送に関する注意点

- □ ヤフオクで売る場合の数量は、常に 1 個にしておき手元に 1 個置く
- □ 残りを Amazon の FBA に納品する
- □ ヤフオクで売れても FBA を使って発送する

でも一律料金や送料無料の設定ができます。ただし、マルチチャネルでも離島など発送不可地域があるので、離島は別に明記するとよいですね。もし、離島から落札された場合は、商品によってはレターパックやクリックポストなど荷物の追跡が可能で安価な方法で送るようにしましょう。

FBAマルチチャネルを利用するとヤフオクで売れても発送の手間がありませんので、よりゆるく稼ぐことができます。同じ商品を複数の場所で販売して効率よく売上を伸ばしていきましょう。

Column 3

コピー品を仕入れないためには?

海外から仕入れてくる場合「コピー品」が心配になります。最近では買取店ですら判別が難しい作りになっています。万一コピー品を仕入れてしまうと、税関で廃棄処分ですし、偶然通過して日本に輸入できても当然販売できません。

まず中国輸入のほうのコピー品対策はすごくシンプルです。**中国輸入ではノーブランド品を扱うことが一番のコピー品対策になります。**そもそもブランド品でなければコピー品を仕入れてしまうこともありません。

問題はアメリカ輸入です。**eBayやAmazonで仕入れる場合には商品画像以外に「出品地域」「評価」「価格」が判断ポイントになります。**まず出品地域ですが、例えば、eBayには中国やシンガポール、ドイツ、イタリアからの出品もあります。傾向としてeBayでアメリカ・カナダ以外の出品者は要注意です。Amazonでもブランド品の出品者が中国(CN)の場合は怪しいと考えられます。次に「評価」です。評価が悪いのはもちろん、コメントにFAKE(ニセモノ)などの言葉がある出品者はNGです。最後は価格です。仕入れは安いほうがよいですが、相場よりも著しく安い商品はまずコピー品を疑ってください。例えば相場が30000円の商品で1人だけ8000円で出品している、というような場合です。

第4章

アメリカから商品をもっとうまく輸入する

4-1

基礎知識　時短　コスト削減　売上アップ　センス不要　モチベーションアップ

転送業者を使って仕入れコストを削減

ゆるポイント1　まとめて送られてくるから経費が浮いて利益が増える

ゆるポイント2　アメリカのサイトでも日本語で商品が買える

転送とは、アメリカで購入した商品を取りまとめて日本まで送ってくれるサービスです。eBayやAmazonなどアメリカのサイトで購入した商品を、業者の指定する倉庫に直接送っておけば保管してくれます。ここでは、例として転送の専門業者の「ハッピー転送(http://happytenso.com/)」を参考に解説していきます。

転送業者にいろいろお任せ！

転送業者の送料と手数料は基本的に転送する商品の重量によって決まります。例えばハッピー転送の場合、商品ごとの手数料ではなく、取り扱う量に合わせた月額料金プランになっています。まだ転送量が少ない方には「エコノミー（2020円／月）」があり、月に30kg以上転送する方には「スタンダード（5100円／月）」、月に100kg以上転送する方には「ビジネスプラス（15300円／月）」とレベルに応じた価格が設定されています。

eBay公認の「セカイモン（https://www.sekaimon.com/）」という業者もあります。**このサイトを使えばeBayにある商品を検索から注文・配送まですべて日本語で行うことができます。**ただし、セカイモンはeBay以外での買い物はできません。単価が安い場合や個数が少ない場合はセカイモンのほうが安く済みます。ただ慣れてくると個数も増えますし、できるだけ単価の高い商品を扱ったほうが作業量は少なくて済み、個別に日本まで発送するよりも転送業者のほうが費用を安く抑えられます。また、転送業者の場合はサイトが限定されていないので、日本でも有名なアメリカのAmazonや世界最大のスーパーチェーンWalmartやその他のネットショップなどで購入した商品もまとめて日本に送ることができますし、商品を直接エンドユーザー（お客様）に発送することも可能なので、発送の手間と費用を減らすことができます。継続して輸入に取り組む場合は輸入転送業者を利用しましょう。

4-2

基礎知識　時短　コスト削減　売上アップ　センス不要　モチベーションアップ

クーポンを使って安く買おう！

ゆるポイント1　クーポンを使えばどんどん安くなる

ゆるポイント2　キャッシュバックサイトで現金が戻ってくる

クーポンを使ってみる

ネットショップで買いものをする際に、さらにお得に買えるようになるのが「クーポン」です。送料無料になったりおまけがついたりする他、単純に直接商品代金を割り引くものもあります。ここで紹介するのは、Retailmenot（リテールミー・ノット）※というアメリカで最大のオンラインクーポンサイトです。ここで、例えばAmazonと入力するとAmazonで利用可能なクーポンが表示されます。条件は様々で、Amazonのプライムに登録したら○%OFFとか、アウトレットで最大○%

OFFになる、などがあります。他にも多数のサイトがあり、eBayもありますので、仕入れ前にはチェックをして少しでも安く買えるようにしましょう。

クーポンとキャッシュバックで一石二鳥

クーポンで安く買ったうえで、アメリカ最大のキャッシュバックサイト「Mr. Rebates（ミスターリベーツ）」※※を利用するとさらに安く買うことができます。実は海外サイトの定番で、Mr. Rebates経由で購入した商品代金の一部をキャッシュバックしてくれるサイトです。日本にはポイント還元がよくありますが、これは登録されているショップで買えば現金で戻ってきます。つまり、Mr. Rebates経由でサイトにアクセスして購入すれば、単純にクーポンで5％割引、キャッシュバックで5％なら10％安くなります。それは10％利益が上がったのと同じことになります。知らずにそのまま買うのとは雲泥の差です。

※ https://www.retailmenot.com/
※※ https://www.mrrebates.com/

4-3

基礎知識　時短　コスト削減　売上アップ　センス不要　モチベーションアップ

並行輸入禁止商品に気をつけよう

ゆるポイント1　**並行輸入は偽物じゃない**

ゆるポイント2　**Amazonの独自の禁止商品を知っておけば大丈夫**

海外ブランドの日本法人や正規代理店を通さずに輸入したものを「並行輸入」と言います。例えば、アメリカのCoach（コーチ）の店舗でバッグを購入し、日本で販売した場合、これは並行輸入品となります。

本物であることは大前提なのですが、並行輸入は違法ではありませんので、海外のサイトから購入しても問題はありません。

ブランドによっては並行輸入品が規制される

ですが、並行輸入が日本での販売に影響がでるブランドがあります。その

表4-3　並行輸入品の出品禁止ブランド一例

（2019年8月1日時点）

ブランド名（シューズ＆バッグ）	
AIGLE（エーグル）	DANIEL & BOB（ダニエル&ボブ）
AmericanTourister（アメリカンツーリスター）	DIESEL（ディーゼル）
BIRKENSTOCK（ビルケンシュトック）	Felisi（フェリージ）
CAMPER（カンペール）	FOSSIL（フォッシル）
Church's（チャーチ）	GREGORY（グレゴリー）
Clarks（クラークス）	HARTMANN（ハートマン）
COLE HAAN（コールハーン）	OAKLEY（オークリー）
Coleman（コールマン）	RED WING（レッドウィング）
CONVERSE（コンバース）	ROCKPORT（ロックポート）
crocs（クロックス）	SAMSONITE（サムソナイト）

（2017年10月5日時点）

ブランド名（服&ファッション小物）	
DIESEL（ディーゼル）	Oakley（オークリー）
HERNO（ヘルノ）	UNDER ARMOUR（アンダーアーマー）

出所：Amazon セラーセントラル
https://sellercentral.amazon.co.jp/gp/help/external/200936440?language=ja_JP&ref=efph_200936440_cont_200317520

うちの1つに「ル・クルーゼ」があります。サイト上で「並行輸入品の購入に関するトラブルが生じた場合に、ル・クルーゼジャポン株式会社では対応できません」と明記しており、購入側が不安になり、買い控える可能性があります。

仕入れ前に「〇〇（ブランド名）並行輸入　違法」などと検索して確認をしておきましょう。

最後に、Amazonが独自に並行輸入品を禁止しているブランドがあります。禁止商品はAmazonセラーセントラルの「一部カテゴリーにおける並行輸入品の出品制限」の禁止リストを確認して禁止されているブランドの仕入れ・販売をしないようにしてください。

4-4

基礎知識　時短　コスト削減　売上アップ　センス不要　モチベーションアップ

アンティーク品を売る際に古物商の免許はいるの？

ゆるポイント1　**仕入れ先を考えればすぐ判断できる**

ゆるポイント2　**そもそも輸入に古物商の免許は必要ない**

古物商の免許の有無は、アメリカ輸入で稼ごうとすると必ずと言っていいほどでてくる質問です。まず、**古物商とは、商売として中古品を売買または交換する業者・個人のことです。**この他に、委託を受けて中古品を販売したり、古物を貸してレンタル料をとったりすることも古物商にあたります。これらの商売をする場合には古物商の免許が必要で、管轄警察署に届けを出さなくてはいけません。

輸入に古物商の免許がいらない理由

それでは、輸入の場合はどうなので

しょうか？　海外から新品を輸入することもありますが、アンティークやレアものの中には中古品の場合もあります。**結論から言えば、古物商の免許は必要ありません。**なぜなら、お金を払う時点で、相手の業者が日本にいないので日本の法律や警察とは関係がないからです。そう考えるとわかりやすいと思います。

ですので、海外の商品を日本の業者が買い付けてそれをあなたが仕入れる場合には、古物商の免許は必要になります。よく、新品なら古物商の免許は必要ないという説明もありますが、正確ではありません。新品は問屋やメーカーなどから直接買い付けたものであって、一度も消費者の手に渡っていないものを指します。例えば、私がある商品を購入しましたが、使わないので誰かに買い取ってもらおうと思いました。あなたが販売目的で買い取る場合は古物商免許が必要になります。買ったままの状態でも、新品ではなく未使用品となるからです。ですので、誰から仕入れたかによって古物商の免許の要不要が変わります。ですが、**ゆる副業は海外からの輸入なので中古品でも新品でも未使用品でもそもそも古物商の免許を必要としない稼ぎ方だと理解しておいてください。**慌てて取りに行く必要もありませんし、違法ではありません。

Column 4

不良品への対応はどうしたらいいの？

日本人にとって商品を入れている箱は商品の一部ですが、外国人にとって商品とは中身であって箱は付属品ではありません。ですので、箱が傷まないように扱う日本人と中身が無事ならよいという外国人では商品の扱いが違ってきます。この理由から、動作不良などの他にも不良品がでてきてしまうのです。

アメリカからの輸入では動作不良など商品自体が不良だった場合は返品を受け付けてくれることがありますが、箱が壊れている程度では返品不可の確率が高くなります。場合によっては箱のない新品でも断られることもあるため、**商品の購入時点で、箱はあるのか、壊れていないかを確認し、発送時に箱に伝票を貼らないでほしいなどと伝えておく**必要があります。次に中国の場合はアメリカのようなことに加えて商習慣が絡みます。返品する際の送料はたとえ不良品でも購入者負担が一般的なので、日本に到着した時点で実質的に返品不可能なのです。不良品の確認は中国で行うのが必須ですが、輸送中に壊れた場合は諦めるしかありません。

いずれにしても返品不可の場合は、廃棄するか、ジャンク品としてヤフオクで現金化するしかありません。海外の仕入先との返品交渉は思っているよりも時間と労力を使います。起こることを想定してできるだけ事前に防ぎましょう。

第5章

中国輸入で稼ぐきほん

5-1

基礎知識　時短　コスト削減　売上アップ　センス不要　モチベーションアップ

中国輸入で儲かるカラクリ

ゆるポイント1　「目利き・経験・知識・感情」はいらない

ゆるポイント2　中国輸入が一番取り組みやすい

中国輸入で大事なのは商品リサーチ

まず、**商品は中国のタオバオ、アリババというショッピングモールから仕入れます。**タオバオはBtoC（個人向け）のサイトで、日本の楽天のような存在だと思ってください。もう1つのアリババはBtoBつまり企業向けのサイトです。基本的にはアリババのほうが商品の値段が安いことが多いのですが、その代わりロット（商品の購入単位）が設定されていることが多くあります。例えば、この商品は10個以上から注文可能、というようなかたちです。

実際に商品を販売するまでの大まかな流れは、「①日本で商品をリサーチする。②タオバオやアリババで商品を探す。③商品を日本へ輸入する。④Amazon（ヤフオク）で販売する」となります。基本的には1〜4を繰り返します。

ここで一番大事なのが1と2の商品リサーチです。いくら、中国輸入にメリットがあっても肝心の儲かる商品が手配できないと意味がありません。**実は、この中国からの仕入れには「目利き・経験・知識・感情」がいらないのです。**今回はじめて物販をやってみる人でも儲かる商品を探し出せる方法があります。詳しくは次節で解説していきますが、ここでは、まずどんな商品が取り扱われているのかを実例を交えてお伝えしていきます。

儲かる中国商品を見つけるには？

図5-1-1で紹介しているのは実際に過去に私が販売して儲かっていた商品の実例です。ぱっと見てみると粗利益が3500円程度で大したことがないと思われるかもしれません。ですが、中国の多くのショップで売っている商品なので、継続的に長く販売できます。この商品1つでは大した利益は出せませんが、同じ商品を月に何個も

長期間にわたって販売できるのです。このように**何回も売れる商品をたくさん取り扱うことで売上を積み上げていくと、毎月の売上が安定します。**図5-1-2のように、実際に私が販売している商品でも、もう数年間も売れ続けている商品がいくつもあります。

さらに、高い利益率がある商品を選んでいますので、資金を雪ダルマ式に大きくできるというわけです。**こういう商品を探すために必要なものは「目利き・経験・知識・感情」ではなく「データ」です。**データとは簡単に言うと「数字」です。私が商品をリサーチするときにはデータしか見ていませんので、ここで例に挙げた商品も好きでもなければ趣味でもありませんし、知識があったわけでもありません。ですが、この商品が「儲かる」ということはわかります。それは、データを見ているからです。逆に言えば、データは売れていないと示しているのに、自分の経験や知識を入れて「売れるだろう」と判断して仕入れてはいけません。データは事実です。つまりデータさえ見れば儲けられますので「目利き・経験・知識・感情」のいらない中国輸入が初心者には一番取り組みやすいと言えます。

図5-1-1
モーターサイクル用ヴィンテージゴーグル

阿里巴巴 1688.com

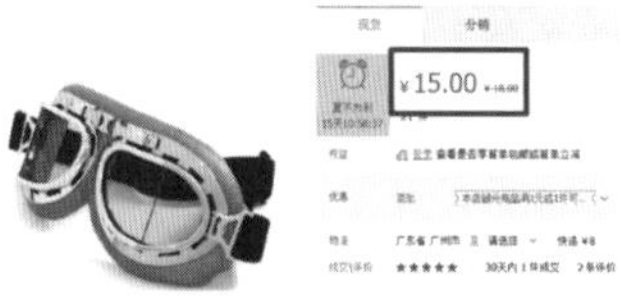

15.0 元
（約 255 円）

https://detail.1688.com/offer/538287109755.html?spm=a26352.b28411319.offerlist.1.171f1e62FcapBJ

amazon

3,800 円

https://www.amazon.co.jp/dp/B0188QSXVK

中国で買って日本で販売すると……

3,545 円の儲け！

粗利益率 93%

図5-1-2
長期的に売れる商品で売上を積み上げる

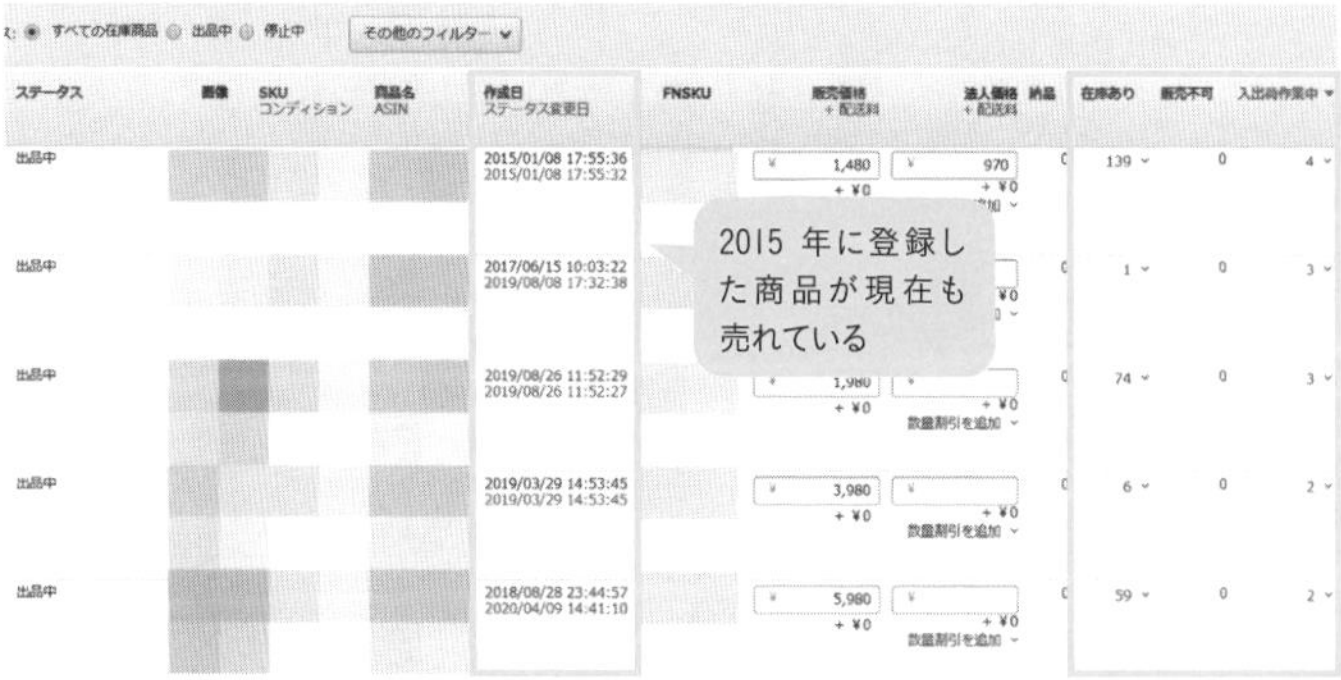

ステータス	画像	SKU コンディション	商品名 ASIN	作成日 ステータス変更日	FNSKU	販売価格 + 配送料	法人価格 + 配送料	納品	在庫あり	販売不可	入出荷作業中
出品中				2015/01/08 17:55:36 2015/01/08 17:55:32		¥ 1,480 + ¥0	¥ 970 + ¥0		139	0	4
出品中				2017/06/15 10:03:22 2019/08/08 17:32:38			+ ¥0		1	0	3
出品中				2019/08/26 11:52:29 2019/08/26 11:52:27		¥ 1,980 + ¥0	¥ + ¥0 数量割引を追加		74	0	3
出品中				2019/03/29 14:53:45 2019/03/29 14:53:45		¥ 3,980 + ¥0	¥ + ¥0 数量割引を追加		6	0	2
出品中				2018/08/28 23:44:57 2020/04/09 14:41:10		¥ 5,980 + ¥0	¥ + ¥0 数量割引を追加		59	0	2

5-2

基礎知識　時短　コスト削減　売上アップ　センス不要　モチベーションアップ

Amazonで売れる商品を探し出す

ゆるポイント1　「売れるものを売る」ので一番リスクが小さい

ゆるポイント2　一発で商品リサーチできるキーワードがある

中国から輸入した商品の主な販売場所はAmazonです。そのため、基本的にはAmazonで売れている中国商品を探してそれと同じ商品を販売する、つまり「売れるものを売る」これが一番リスクが少ないのです。そのためには、まずAmazonの中でどんな中国商品が売れているのかを探す必要があります。いくらAmazonに集客力があり、FBAを利用して手間なく販売できると言っても、何でも売れるわけではありません。仕入れの段階で80〜90%の勝負はついています。ですから、商品のリサーチには最も時間をかけてください。

日本のAmazonで中国商品を見つけるためのキーワード

それでは、どうやって日本のAmazonで売れている中国商品を調べるのかを解説していきます。**はじめに日本のAmazonで販売されている中国商品を探すためのキーワードをいくつかここでお伝えします。**このキーワードで検索するとAmazonで中国輸入をやっている人を見つけることができます。これで見つかった出品者の扱っている商品や同じような商品を扱っている出品者の取扱商品から売れているものを探せばよいのです。ちなみにこのキーワードは今だけではなくずーっと使えます。そのキーワードはAmazonの商品説明にヒントがあります。

例えば、「この商品は○○がJANコード（GS1事業者コード）を登録した商品です。商品仕様の変更などを行うため同一商品以外の出品は規約違反となります。」のような文章を入れている商品が見受けられます。これを見ると何となく出品してはいけない商品のような気がしませんか？　それこそがこういう文章を入れている出品者の狙いです。

同じ商品を同じ商品ページに出品することを「相乗り」と言いますが、自分が作ったページに相乗りをされると、自分の売上が下がってしまうため、こういう文面を入れて他の出品者をけん制しているのです。

ですが、そこが逆に中国輸入の実践者を見つけるポイントになります。上記の文章で言うと「JANコード」や「GS1事業者コード」というのはあなたもよく知っている商品についているバーコードの正式名称です。このような文面が入っていればかなり高い確率で中国輸入の実践者であると言えます。そして**メーカー品やブランド品の出品ページにはこのような文章が入ることはまずありません。**そもそも入れる必要がない文言だからです。逆に言えば、「こんな特殊な言葉の入った文章を商品説明に入れて相乗りをけん制しなければならない商品は中国輸入商品だろう」と考えられます。

そこで、この文面からキーワードである、「JANコード　GS1事業者コード規約違反」などの言葉をAmazonの検索ボックスに入れて検索してみてください。中国から輸入されたと考えられる、様々な商品がひっかかります。

図5-2-1　日本のAmazonで中国商品を検索する手順

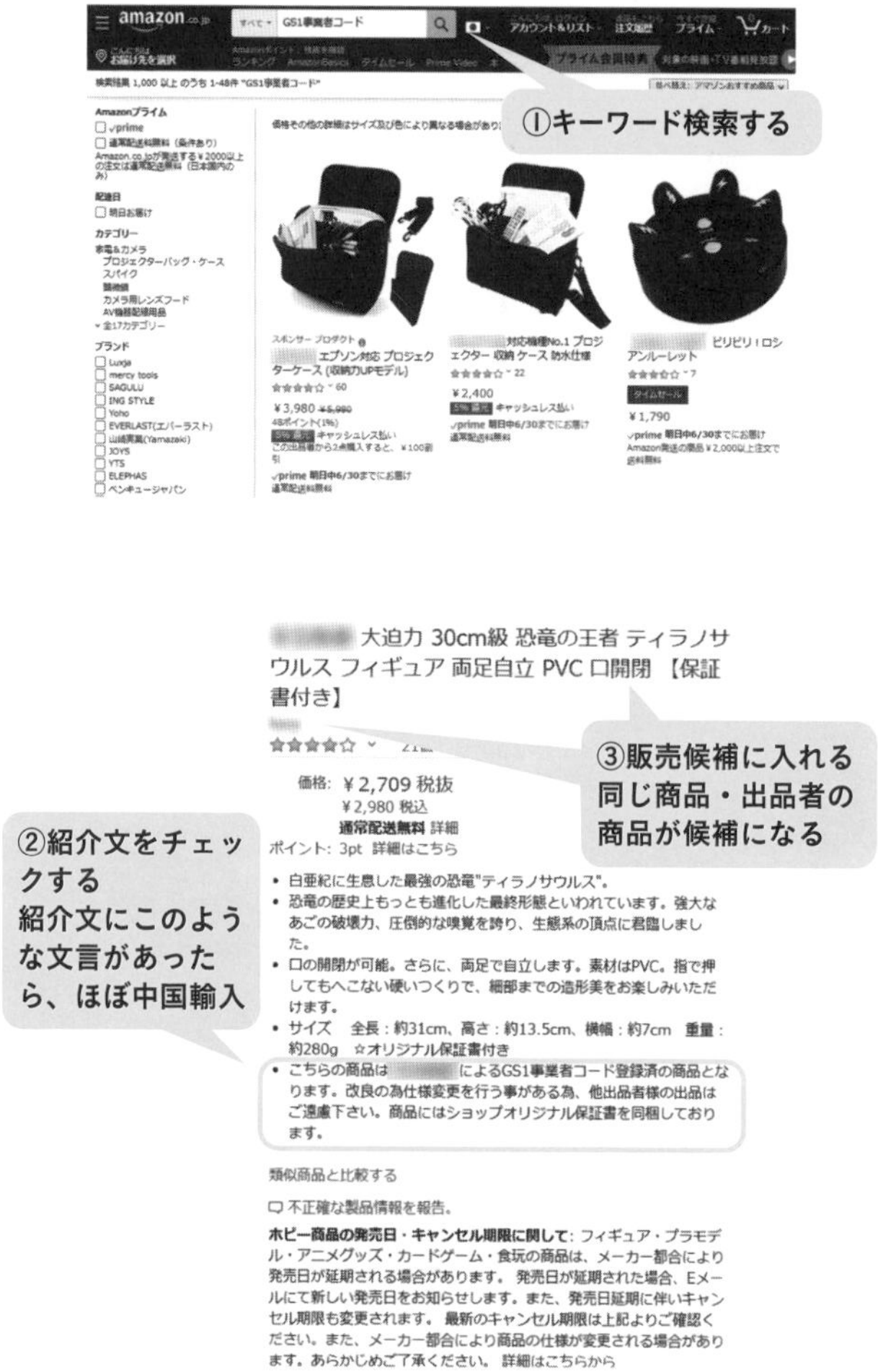
①キーワード検索する
GS1事業者コード
大迫力 30cm級 恐竜の王者 ティラノサウルス フィギュア 両足自立 PVC 口開閉 【保証書付き】
③販売候補に入れる
同じ商品・出品者の
商品が候補になる
価格: ￥2,709 税抜
￥2,980 税込
通常配送無料 詳細
ポイント: 3pt 詳細はこちら
②紹介文をチェックする
紹介文にこのような文言があったら、ほぼ中国輸入
• 白亜紀に生息した最強の恐竜"ティラノサウルス"。
• 恐竜の歴史上もっとも進化した最終形態といわれています。強大なあごの破壊力、圧倒的な嗅覚を誇り、生態系の頂点に君臨しました。
• 口の開閉が可能。さらに、両足で自立します。素材はPVC。指で押してもへこない硬いつくりで、細部までの造形美をお楽しみいただけます。
• サイズ　全長：約31cm、高さ：約13.5cm、横幅：約7cm　重量：約280g　☆オリジナル保証書付き
• こちらの商品は によるGS1事業者コード登録済の商品となります。改良の為仕様変更を行う事がある為、他出品者様の出品はご遠慮下さい。商品にはショップオリジナル保証書を同梱しております。
類似商品と比較する
不正確な製品情報を報告。
ホビー商品の発売日・キャンセル期限に関して: フィギュア・プラモデル・アニメグッズ・カードゲーム・食玩の商品は、メーカー都合により発売日が延期される場合があります。 発売日が延期された場合、Eメールにて新しい発売日をお知らせします。また、発売日延期に伴いキャンセル期限も変更されます。 最新のキャンセル期限は上記よりご確認ください。また、メーカー都合により商品の仕様が変更される場合があります。あらかじめご了承ください。 詳細はこちらから

売れ筋商品に絞り込む

これらのキーワードでヒットした商品はおそらく中国輸入であろうことがわかりました。では、さっそくツールで売れ行きを確認……と行きたいところですが、商品の中には売れるものと売れないものが混じっています。できるだけ効率よく売れる商品を探したいため、見つけた中国商品の出品者の取扱商品を効率よくリサーチしていきます。それでは、その判断基準についてお伝えしていきます。

判断基準は3つあります。**まず「商品レビュー」がある、2つ目はその評価が★3以上であること、3つ目は価格が2000円以上であることです。** Amazonでは商品レビューは数十件販売しても入らないことがザラにありますので、商品レビューがあるだけでそこそこ売れている商品の可能性があります。次にレビューで★1と低い評価を受けた商品はお客様からも敬遠されますし、売る側から見てもお客様から支持されない評価の悪い商品はどんどん売れなくなっていく可能性があり、効率よく稼げる商品ではありません。やはり評価の高い商品のほうが売れていると見ることができるため、商品レビューが★3以上の商品のみを取り扱うようにしています。最後の価格

図5-2-2　売れ筋商品に絞り込むポイント

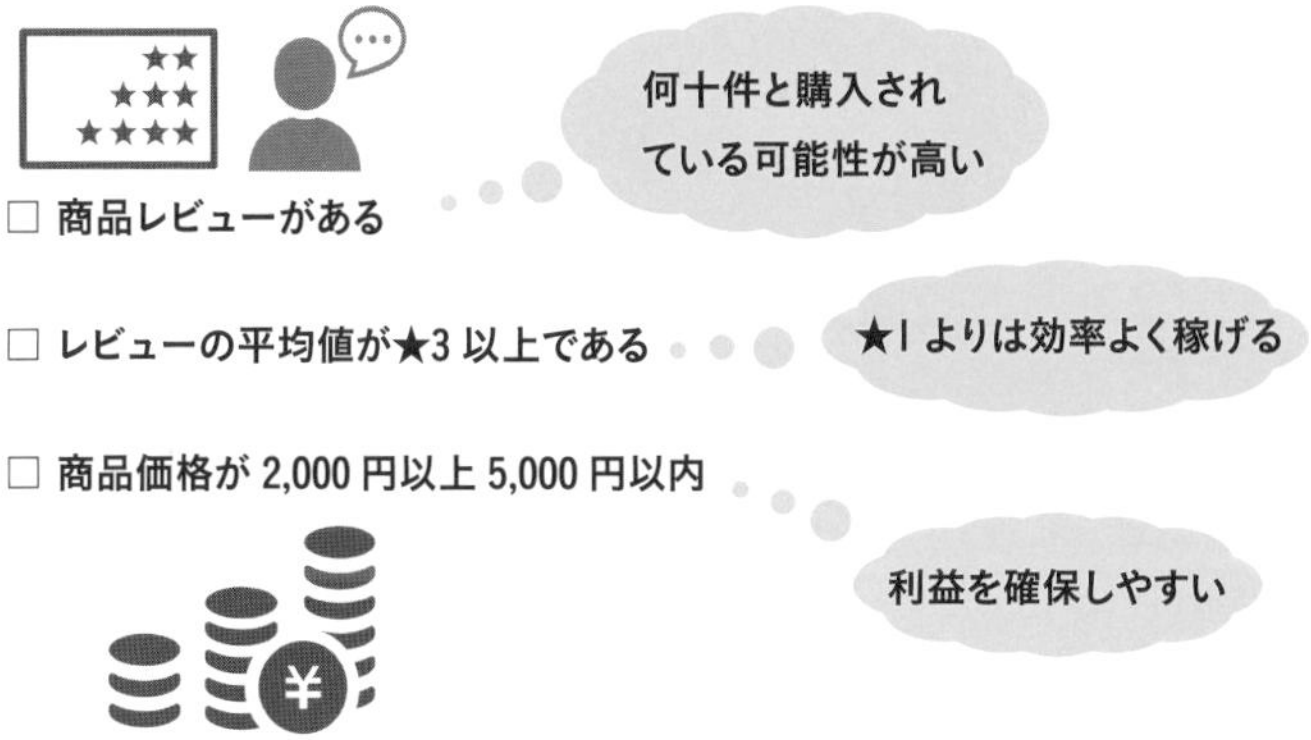
□ 商品レビューがある
何十件と購入されている可能性が高い
□ レビューの平均値が★3 以上である
★1 よりは効率よく稼げる
□ 商品価格が 2,000 円以上 5,000 円以内
利益を確保しやすい

ですが、中国輸入ではＦＢＡを利用するので配送の手間がかかりません。そのため、１０００円以下でも数百個以上売ればまとまった利益をだせます。ただし単価を上げて取り扱う数量を減らしたほうがゆるく稼げるので、最初は２０００円～５０００円の範囲でリサーチをします。５０００円以上になるとお客様はブランド品やメーカー品を求めるためです。そうやって判断基準を設定し、基準をクリアした商品の売れ行きをツールで確認します。具体的な確認方法は次節で解説します。

5-3

基礎知識　時短　コスト削減　売上アップ　センス不要　モチベーションアップ

Keepa（キーパ）でチェックする3つのポイントとは？

ゆるポイント1 ツールを使いAmazonで本当に売れている商品かチェックできる

ゆるポイント2 商品知識は一切いらない

前節ではAmazonで売れている可能性のある中国商品を探しました。それは、カスタマーレビューがあり、評価が★3以上で最低販売価格が2000円以上の商品です。これで、商品リサーチの第一関門は突破しました。

ここからはツールを使ってAmazonで見つけた商品が本当に売れているのか、これからも売れる可能性があるのかを確認します。使うのは「Keepa（キーパ）」というサイトです※。現在、無料でAmazonのランキングを含めたグラフを安定的に供給できるツールが限られるため、月額費用（月額15ユーロ／約1800円）がかかりますが、

図5-3-1　Keepaの商品検索手順

正確な情報を得るための必要経費です。ここで検索ボックスにAmazonで商品を特定するコードであるASINコード（一般的に「エイシンコード」などと読みます。たいていの場合は商品説明の下あたりにあるB0から始まる10桁程度の英数の羅列です）を入力するとその商品の価格、出品者数、ランキングの推移がわかります。

Keepa（キーパ）で出品者数・価格・ランキングを分析する

次の3つの条件を満たしているかどうかをKeepa（キーパ）で調べます。**ライバル（同商品への出品者数）が5人以下であること・ランキングが過去3か月で10回以上上**

下していること・価格と出品者数が大幅に変動していないことです。この基準に満たない商品は仕入れても売れない可能性が高いのでいくらAmazonでの基準を満たしていてもここでリサーチ終了です。

もちろんですが、この基準には理由があります。ライバル（同商品への出品者数）が5人以下というのは、当然ライバルが多いと価格競争になりやすいということと、人数が多いと販売機会が減るためです。ランキングが過去3か月で10回以上上下しているというのは、ランキングの推移を折れ線グラフにするとギザギザができますが、この数は多ければ多いほどよい（売れている）のです。それが過去3か月で10回もないとなれば、単純計算で週に1個売れていない計算になりますので「売れている商品」とは言えません。この10回の上下はあくまで最低ラインなので、できるだけたくさんギザギザしている商品を探しましょう。

ランキングを見れば手を出してはいけない商品がわかる

ただし、10回以上上下していてもランキングが高くても**10万以下の順位は売れ行きが鈍い**可能性があるので要注意です。最後に、いくらライバルが少なくてランキングがたくさんギザギザしていてもこれから価格が下がりそう、出品者が増えそうな商品はリスクを考えると手を出したくありません。

例えば直近の2週間ほどで、出品者数が急激に増加していることがありますが、これから先も増え続ける（価格競争がはじまる）可能性が高くなります。また直近で価格が大きく下落している商品は価格競争がはじまっていて今後も下落する可能性が非常に高いことがわかります。ゆるく稼ぐには価格競争をして薄利多売をしていては実現できませんので、**こういった価格と出品者数が大幅に変動している商品には出品しません。**

例外として、ライバルが5人以下で価格、ランキングの上下回数も問題ないのですが、価格とランキングの両方を見たとき、安い価格ではランキングが上下していたのに、価格を上げたらギザギザがなくなった（＝売れなくなった）商品があります。こういう商品は今後の動きによって判断が分かれますので、2週間から1か月ほど追跡調査をして、高くても売れるなら仕入れ対象になりますが、安い価格でしか売れない場合はいくら今の価格が基準以上でも仕入れ対象にはなりません。

このように、値打ちは知らなくてもデータを見れば、売れる商品がわかります。

図5-3-2　Keepaで行うべき3つの分析

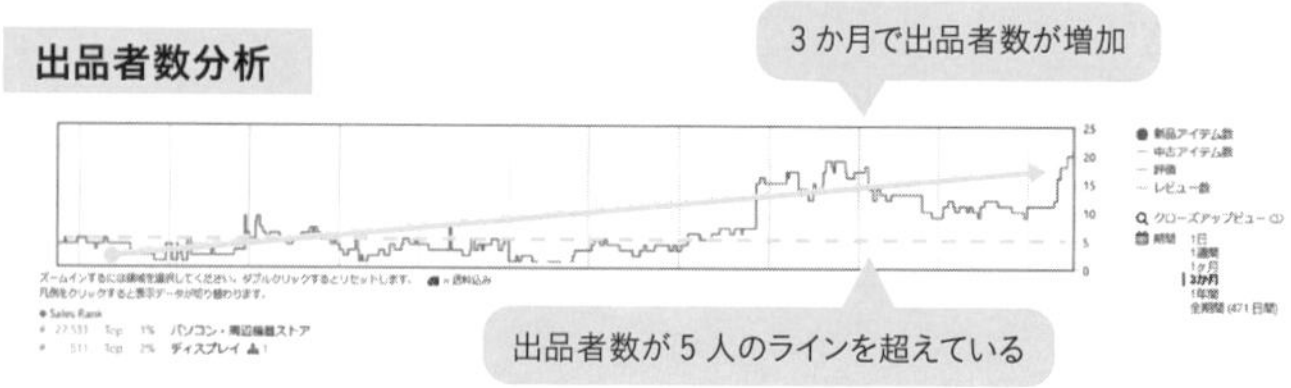
出品者数分析
3か月で出品者数が増加
出品者数が5人のラインを超えている

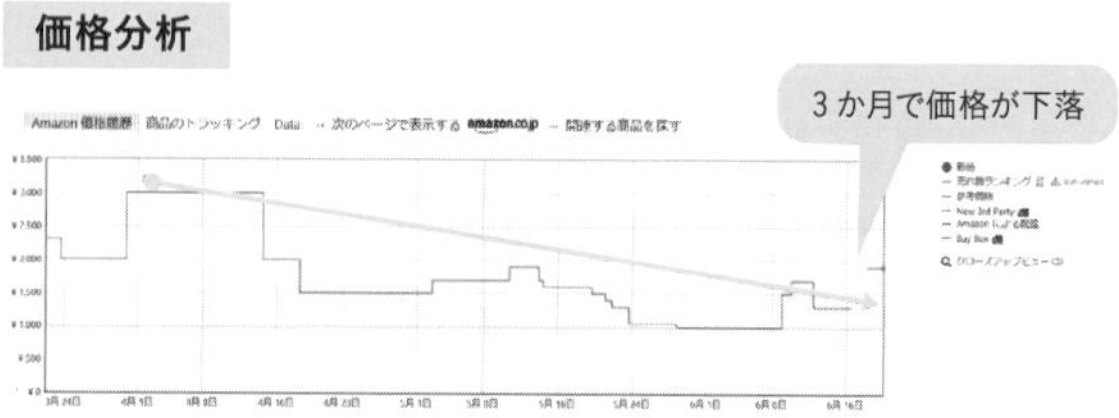
価格分析
3か月で価格が下落

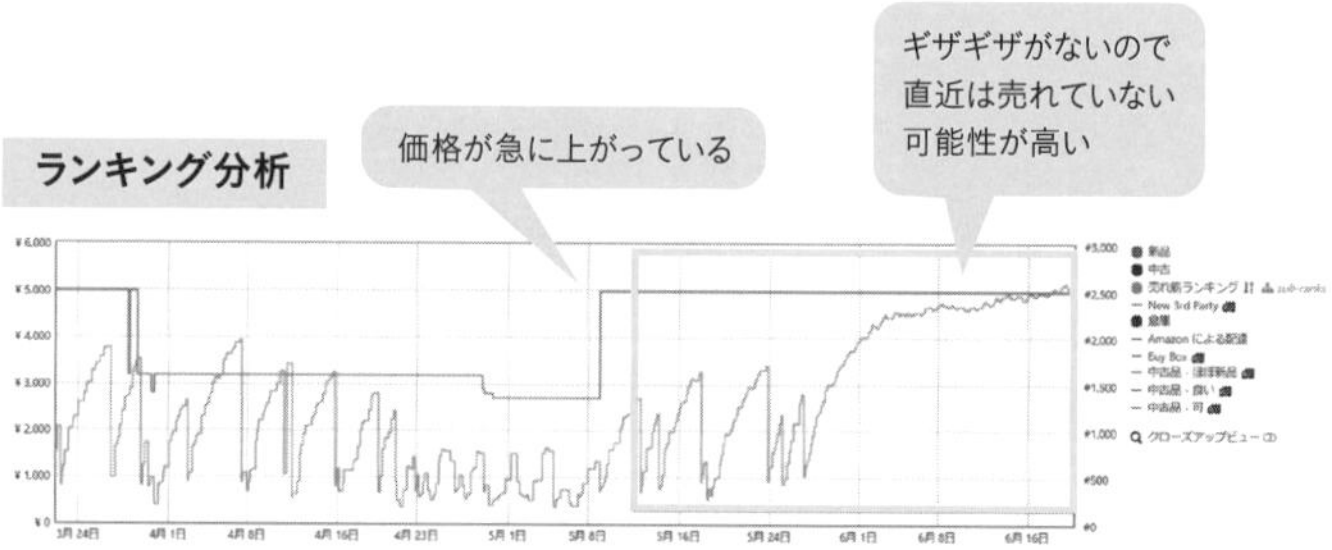
ランキング分析
価格が急に上がっている
ギザギザがないので
直近は売れていない
可能性が高い

実際の商品で見てみよう

今回のサンプルで探してみたところ、商品が、3つの基準を満たしました。「後付けできる 引き出しロック 2個セット 掛金錠 鍵付き 留め具 ネジ留め ドア キャビネット」※※で一緒にこれまでの流れをおさらいしましょう。

次ページの商品説明を見てください。「こちらの商品は〝出品者名〟によるGS1事業者コード登録済の商品となります。改良の為仕様変更を行う事がある為、他出品者様の出品はご遠慮下さい。」とあります。中国輸入の実践者にほぼ間違いありません。他の出品者からするとこういった文章は抑止になるかもしれませんが、本書の読者にとっては、「この商品は中国にありますよ」と告白してもらっているのと同じような意味になります。

しかしここで安心はできませんよね。さらに、レビューの星の数や価格を確認していきましょう。するとこの商品は、レビューが★4で価格が税込み2000円(2020年6月執筆時点)、Amazonでの仕入れ対象の判断基準に合致しています。

ここまでで、Amazonで売れそうな中国商品を探すことはできました。あとは、こ

図5-3-3　売れ筋商品の見つけ方

①Amazonで検索する

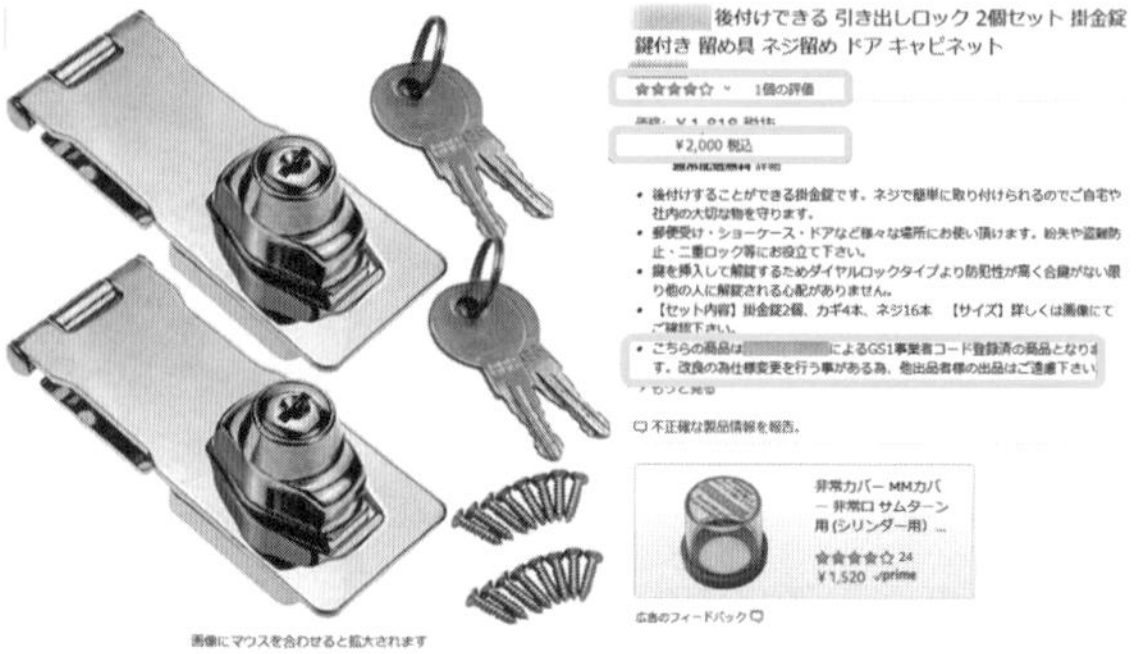

②Keepa（キーパ）で検索する

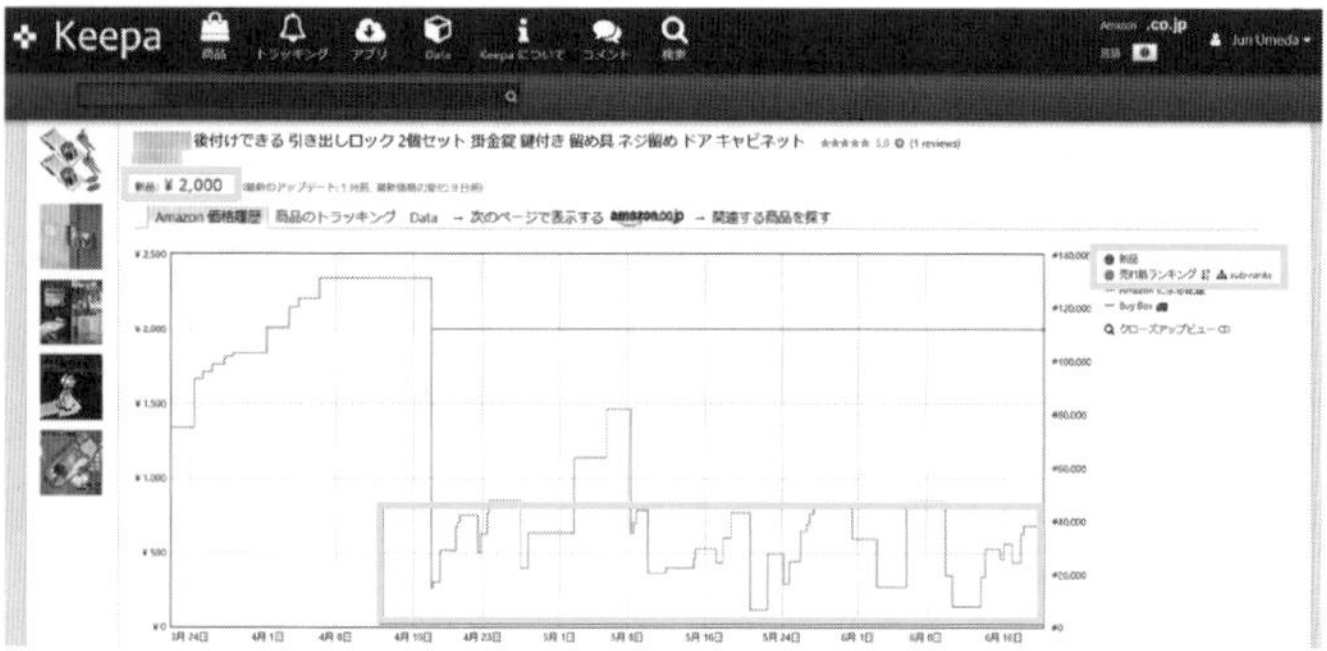

の商品が実際に売れているのか、自分が出品したときにライバルが多すぎないかなど具体的な商品ページの確認作業となります。前述のツール、Keepa（キーパ）で確認してみましょう。ランキングも途中で在庫切れがあったようですが、それでも10回以上上下しています。さらに、出品者数が急激に増えておらず、価格が大きく下落していない商品です。

ここまでのリサーチでこの商品は、ライバル（同商品への出品者数）が5人以下・カスタマーレビューの評価が★3以上・最低販売価格が2000円以上・ランキングが10回以上上下（過去3か月で）している・直近で出品者数が急激に増えていない・直近で価格が大きく下落していない、ことが確認できました。

この商品であれば、日本での販売価格と差がある商品が中国で見つかれば仕入れできる商品となります。仕入れまでもう一歩のところまできました。

※ https://keepa.com/

※※ https://www.amazon.co.jp/exec/obidos/ASIN/B0848PW6TH

5-4

基礎知識　**時短**　コスト削減　**売上アップ**　センス不要　モチベーションアップ

中国と日本の価格差を考える

ゆるポイント1　**中国語がわからなくても画像で商品が探せる**

ゆるポイント2　**利益はエクセルで自動計算できる**

ここまでで、Amazonで売れていてこれからも売れる可能性がある中国商品を見つけられました。あとは、この商品が中国のネットショップにあって利益がとれる商品であれば仕入れる流れとなります。

中国のネットショップで検索する

中国での仕入れ先はタオバオ※、アリババ※※の2つですが、**基本は価格の安いアリババから調べるようにして、アリババになければタオバオで調べるようにしてください。**試しに前節で見つけた商品「後付けできる引き出しロック2個セット 掛金錠 鍵付き 留め具 ネジ留め ドア キャビネット」を調べてみましょう。中国での商品の**探し方は大きく分けて2種類あります。「画像検索」と「キーワード検索」です。**画像検索はAmazonで使われている商品画像を中国のタオバオやアリババで検索して同じものを探す方法です。「キーワード検索」はAmazonの商品のタイトルや商品名からキーワードを抜き出して、そのキーワードを翻訳して同じ商品を探すやり方です。

では、まず画像検索からやってみましょう。アリババもタオバオも流れ的には同じです。やり方は簡単ですが「最低限201ピクセル以上の画像」が必要です。まず、Amazonの商品ページで使われている画像を保存します。トップの1枚目の画像だけではなく、商品を写している画像はすべて保存しておきましょう。保存ができたら、アリババ（タオバオ）にアクセスして、検索ボックスの端にあるカメラマークをクリックします。すると、画像の選択画面に行きますので、調べたい画像を選択し開きます。これで、アリババ（タオバオ）に同じ商品画像を使っている商品があればヒットします。

今回、この商品でやってみると左右は反転していますが見事に5枚目の画像がヒットしました。

うまくヒットしない場合は、上部にカテゴリの一覧がありますので変更してみてください。違うカテゴリで見つかるケースもあります。あとは、見つかった商品の仕様を確認して、Amazonで販売している商品と同じことを確認してください。

次にキーワードでの検索です。この商品をみると、タイトルに「引き出しロック」とありましたのでそれをインターネットで翻訳したところ「抽屉锁」となりました（私は全く読めません）。これをそのまま、アリババ（タオバオ）で検索するだけです。すると、画像検索のときと同じ商品ページがヒットしました。このページでは複数の商品を売っているので価格に幅がありますが、対象の商品を選択すると価格が表示されます。ちなみに、この商品は1個7元でしたが、Amazonでは2個セットで販売していますので、商品原価は14元となります（1元＝15円換算。執筆時点）。

エクセルで自動的におおまかな利益を計算できる

最終的には正確な利益の計算をしなければいけません。ですが、仕入れの商品量によって送料が大幅に変わるためこの段階では正確な利益計算はできません。ですので、ざっくりで構いませんので儲かるかどうかの判断をします。中国の価格×65など、定

図5-4-1　アリババでの商品検索手順

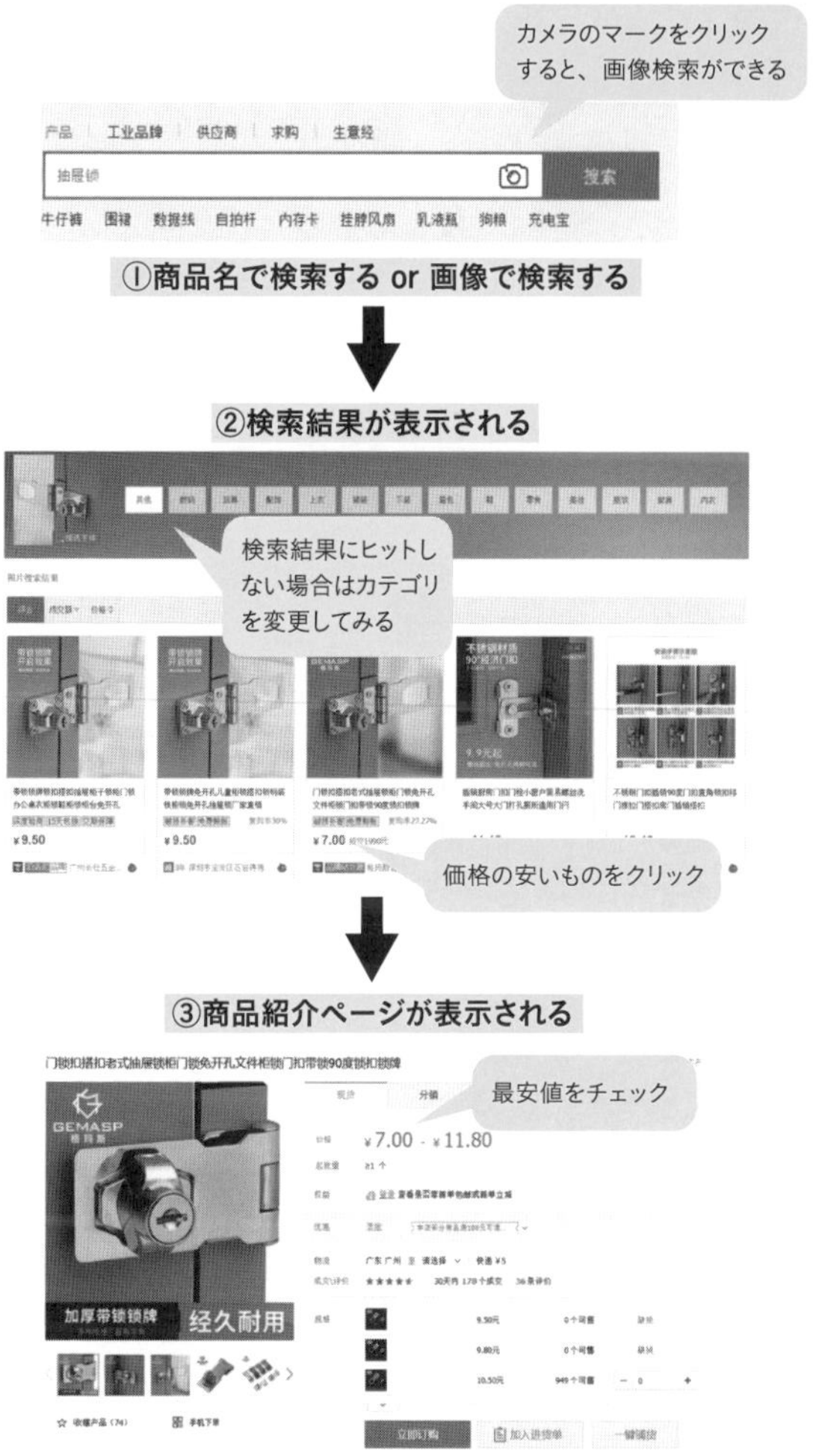

数をかけて算出する方法もありますが、大型やすごく小さい商品では送料の計算が大きくずれることがあります。ですので、私は現在、経費や手数料を自動で計算し、およその利益計算ができるエクセルシートを使っています。

商品代金の他にかかるものは、国際送料、Amazonの手数料（FBA利用料と販売手数料）、FBA納品にかかる送料や代行業者の手数料などです。簡単に言えば、それを差し引いても利益がでるかどうかの計算をエクセルがやってくれます（このリサーチの判断用の確認シートは特典としてプレゼントします。6ページ参照）。

入力するものは、商品名とKeepa（キーパ）のURL、Amazonの手数料、重量とサイズ（国際送料が自動計算されます）です。重量とサイズは国際送料に大きく関係してきます。代行業者の多くが、重量計算した場合の送料と、サイズで計算した場合の送料（容積重量）の重い方を送料として計算します。このエクセルでもそのように計算されます。あとは為替を入力すると、利益額と利益率が計算されます。

利益を見て仕入れを判断する

すべてを埋めると利益額と利益率が計算されて仕入れの判断も「OKまたはNG」

図5-4-2　利益計算方法

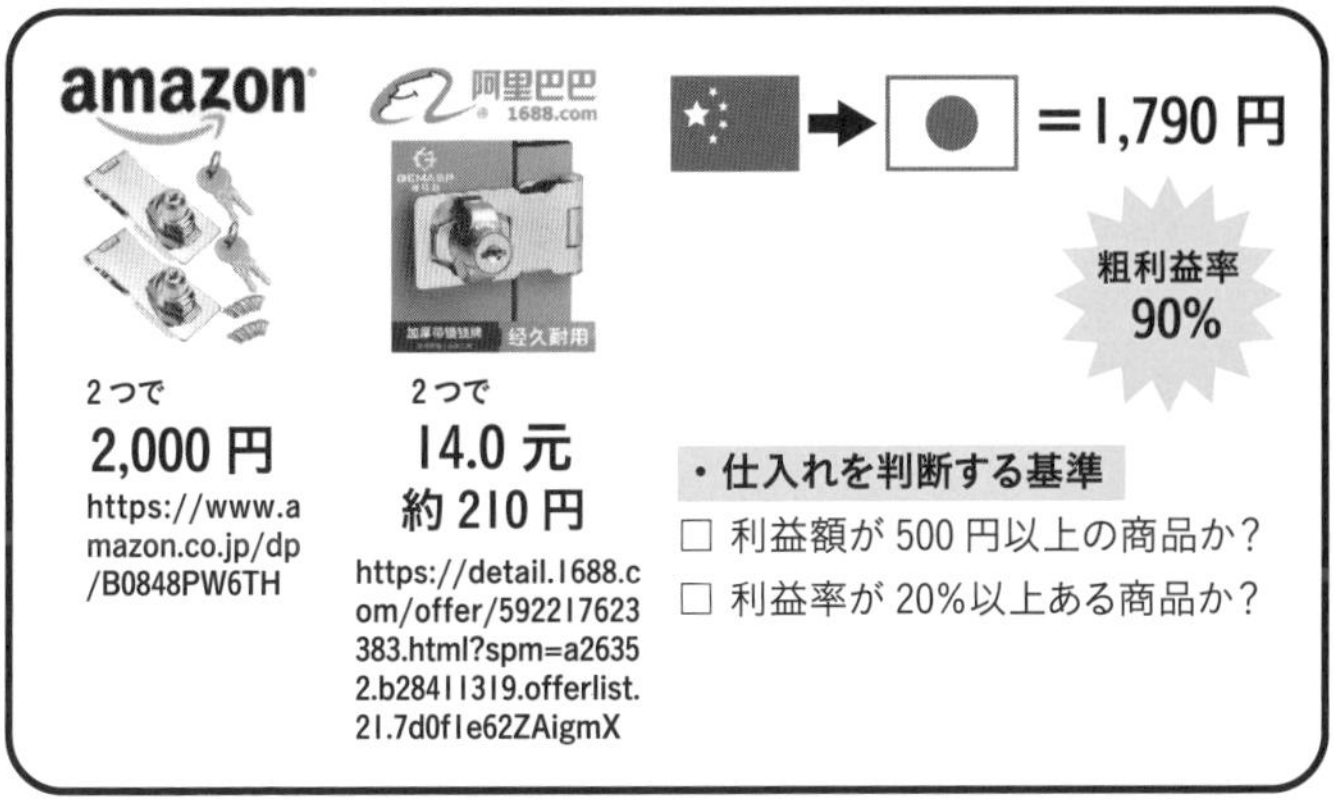

で出してくれます。なお、OKになるのは利益が500円以上でかつ利益率が20%以上ある商品です。例えば、利益が1000円あっても利益率が19.9%だった場合、仕入れ判断としては「NG」となります。このパターンの多くは原価の高い商品で、利益額だけ見ると他の商品よりも儲かるような気がしますが、実際には非常にリスクの高い商品だったりします。このシートを埋めて「OK」とでた商品は基本的には仕入れてもきっちりと利益がとれる商品と見ることができます。

※ https://world.taobao.com/
※※ https://www.1688.com/

5-5

基礎知識　時短　コスト削減　売上アップ　センス不要　モチベーションアップ

気をつけるべき規制や法律

ゆるポイント1　商標はネットですぐ検索できる

ゆるポイント2　不安なら税関などに確認すれば大丈夫！

法的に注意すべき3つの制度

最初に気をつけるべきは「**商標**」です。Amazonの出品者の中には自分の出品しているブランドで商標権を取得している人がいます。仮に商標権のある商品に相乗りした場合、権利侵害としてAmazonから出品を取り消される上に繰り返すとアカウントの停止や閉鎖になります。ですので、リサーチするときは必ず特許庁の特許情報プラットフォーム「J-PlatPat※」で商標権がないか確認してください。

また、**中国に売っている商品を何でも輸入できるわけではありません。**国によって法律も基準も違うため、日本では販売できない商品があります。また、輸入が規制されている商品もあります。まず、輸入が禁止されている「**輸入禁止品**」は次のようなものがあります。一般的に扱うこと自体が犯罪になるようなものなのでわかりやすいかもしれません。

麻薬、向精神薬、大麻、あへん、けしがら、覚せい剤、児童ポルノ、貨幣、紙幣、銀行券、印紙、郵便切手又は有価証券の偽造品、変造品、模造品及び偽造カード

それに対して、「**輸入規制品**」というものがあります。輸入自体は禁止されていないものの、輸入するために申請や許可、検査が必要なものです。例えば、幼児・ベビーグッズ、知育玩具（食品衛生法）、化粧品、食品、飲料（食品衛生法）、プラグのある商品（電気用品安全法、PSE）、無線を使うラジコンなどの商品（電波法）、バイクなど乗車用ヘルメット（消費生活用製品安全法、PSC）などです。

輸入禁止品や輸入規制品は、絶対に「大丈夫だろう……」で取り扱ってはいけません。輸入禁止品は輸入自体が違法ですし、輸入規制品も申請や許可なしに輸入はできません。輸入禁止品は税関で見つかると廃棄となって全損失になるか、仮に税関を通っても違法行為です。また「輸入規制品」は申請や許可があれば輸入自体はできますが、申請や許可に多くの時間や費用がかかります。売れなかったときのリスクが大きく、ゆるく稼ぐ範囲を超えるので基本的には輸入規制品は扱わないようにするのがベターです。

法的にはＯＫでもあまりおすすめできない商品

次に挙げるものは、輸入に法的な規制はありませんが、販売目的となると取り扱わないほうがよい商品です。

「子ども服」にはフードの他、紐やリボン、レースなどの装飾に危険性があります。遊んでいる最中などにこれらが引っ掛かり怪我をしたり最悪の場合死んでしまう事故が起きています。ちなみに経済産業省からＪＩＳ案もでています※※。

ベビーカーやチャイルドシートには安全基準があり、満たしていないものは販売できませんが、「抱っこ紐」に規制はありません。毎年のように落下事故が起きています。

オートバイ用のヘルメットにはきちんと安全基準があり、規制する法律もあります

表5-5　輸入する商品にかんする相談先

問い合わせ先	URL
ジェトロ（日本貿易振興機構）	https://www.jetro.go.jp/
ミプロ（一般財団法人対日貿易投資交流促進協会）	https://www.mipro.or.jp/
税関一覧	http://www.customs.go.jp/kyotsu/map/index.htm

が、「バイク等のプロテクター」にはありません。自転車のヘルメットも同様です。

これらの商品は法律で規制はされていませんが、万一の際には命に関わる大問題になり、そのときになって「知らなかった」では到底済まされないものです。

もし、輸入する商品が法に触れないかわからないときには専門機関や税関に直接問い合わせることもできます。

ちなみにこれらのことは、中国輸入に限った話ではなくアメリカでも共通して言えることです。

※　https://www.j-platpat.inpit.go.jp/
※※　「子ども服の安全基準、知っていますか？（JIS L4129）」https://www.meti.go.jp/policy/economy/hyojun-kijun/keihatsu/kodomofuku/index.html

5-6

基礎知識　時短　コスト削減　売上アップ　センス不要　モチベーションアップ

中国輸入をラクにする輸入代行会社

ゆるポイント1　**「輸入代行会社」を使うと日本語で買い付けできる**

ゆるポイント2　**「輸入代行会社」を使ったほうが商品トラブルを防げる**

輸入代行会社が必要な理由

実はタオバオやアリババから商品を輸入する場合、基本的にはこの「輸入代行会社」を利用します。あなたは「輸入代行会社」に中国の商品を買うように日本語で指示を出し、日本円で「輸入代行会社」に支払います。すると、「輸入代行会社」が中国で指定された商品を買い付け、中国の通貨の元で支払い、届いた商品をとりまとめて日本の指定するところに送ってくれます。**あなたが中国で直接買い付けることはほぼできません。**理由は簡単に言うと、タオバオ、アリババではアリペイという独自の決済方法があり、基本的に中国の銀行口座が必要だからです。かなりハードルが高いですよね。それなら、「輸入代行会社」に手数料を支払って買い付け、輸入をやってもらうほうが圧倒的に簡単です。

輸入代行会社に頼むメリット

「輸入代行会社」に輸入を任せるメリットが3つあります。

1つ目は「**国際送料**」です。簡単に言うと輸入するときの送料ですが、「輸入代行会社」の扱う物量は非常に多いのでその分、料金が安くなります。物流費用が安くなるのは大きなメリットです。

2つ目は「**検品**」です。中国のショップは対応や商品がよいところもありますが、その逆もあります。画像と送られてきた商品が全然違ったり、最悪の場合、箱だけ送られてきて中身がなかったりしたこともあります。日本に届いてからでは対応できませんので、「輸入代行会社」が中国で検品をすることでこれらのトラブルを未然に防いでくれます。最後は「安心・安全」です。「輸入代行会社」はあくまで事業としてやっていますので、きちんと日本に事務所があり、運営や対応が見えるようになっています。ゆるく稼ぐには不安・不得意なところは他に任せて、自分はできるところに集中しましょう。

ちなみに、**輸入代行会社に発注するとき、発注はできるだけまとめたほうがお得です。**量が少ないと手数料や送料などの経費が多くかかり割高になります。目安は30個以上です。初回の仕入れは1商品あたりテストで3個までにしたほうがよいため10種類が必要ですが、それ以降は1商品で30個でもOKです。

50社以上の輸入代行会社から優良会社を選ぶ方法

今、日本には大小合わせて50社以上の輸入代行会社があると言われていますが、委託方法や料金体系、スピードなどは千差万別です。外から見ているだけでは良し悪しの判断がつかないと思います。ですので、本書では、おすすめの「輸入代行会社」を表5-6で2社紹介します。私も使っていますし、社長さんとも長く仕事をしているので信頼がおけます。

どちらも日本人が運営していて非常に対応がよくレスポンスが早いのが特徴です。やはり利用者に親身になって対応してくれる会社は任せていて安心です。そのあたり

表5-6　著者おすすめの輸入代行会社

サービス名	特徴	URL
CiLEL(シーレル)	カスタマーサポートの質が高い他、勉強会やセミナーなど多様なサポートを提供	http://www.cilel.jp/
義烏（イーウー）スマイルライナー	仕入れから販売に至るまでのサービスの守備範囲が広く、ワンストップで対応	http://xn--ecka5d8cvezcn3l.com

がこの2社をおすすめできる理由です（6ページに会員登録特典を用意しているのでぜひご活用ください）。

また、輸入代行会社の**「FBA倉庫への直送」サービスを利用してほしい**と思います。「CiLEL（シーレル）」や「義烏スマイルライナー」でも利用することができます。通常は中国からいったんあなたの自宅などに商品を送り、そこからFBA倉庫に納品しますが、それを中国からFBA倉庫にダイレクトに納品するサービスです。あなたはネットがつながればどこでも指示できて納品が完結します。他にも、在庫の保管スペースがいらない、FBA倉庫までの送料が不要、納期が短縮されるなどの利用価値があります。これができるとまさに「ゆるく稼ぐ」フェーズに入ったと言えますね。ある程度の物量は必要ですが、使えるような段階になればぜひ利用してください。

5-7

基礎知識　**時短**　コスト削減　売上アップ　センス不要　モチベーションアップ

輸入してAmazonに納品する（FBA）

ゆるポイント1　**FBAならAmazonが発送を代行してくれる**

ゆるポイント2　**困ったらテクニカルサポートへ問い合わせればOK**

FBAにかかる2つの手数料を計算する

中国輸入では主にAmazonを使って販売しますが、お客様に商品を送る方法はFBAと自己発送の2種類があります。ＦＢＡは先に少し触れていますがAmazonが発送を代行するサービスです。それに対して自分で梱包・発送を行うことを自己発送と言います。ゆる副業ではいかにゆるく稼ぐかが大事なので、自分で梱包や発送は行いません。自宅での商品の保管は不要になるのですが、代わりに**「配送代行手数料」**と**「在庫保管手数料」**の2つの手数料

がかかります。これは個々の商品の大きさや重量で変わるので手数料の計算は「FBA料金シミュレーター」※を使います。

ここでは、FBA手数料以外の手数料（販売手数料、カテゴリー成約料）も同時にわかりますので、その商品をAmazonで販売したときの手数料が一瞬でわかります。

FBA倉庫への納品を準備する

本書でもAmazonで販売する場合はFBAの利用を前提として進めていきます。FBAを使うには利用登録が必要です。登録と言っても簡単にできるように工夫されていますので、サイトの中央または右上の「さっそく始める」から指示に従って登録してください。

次にFBAを利用するには、まずFBA倉庫に商品を納品しなければいけません。納品のためにはいくつか必要なものがありますので図5-7-2に記載の内容を参考にしてください。「ラベルシール」は商品にAmazonのバーコードを貼りつけるために使うものです。これらのものは必ず必要になりますのであらかじめ用意しておきましょう。

図5-7-1　FBA料金シミュレーターの使い方

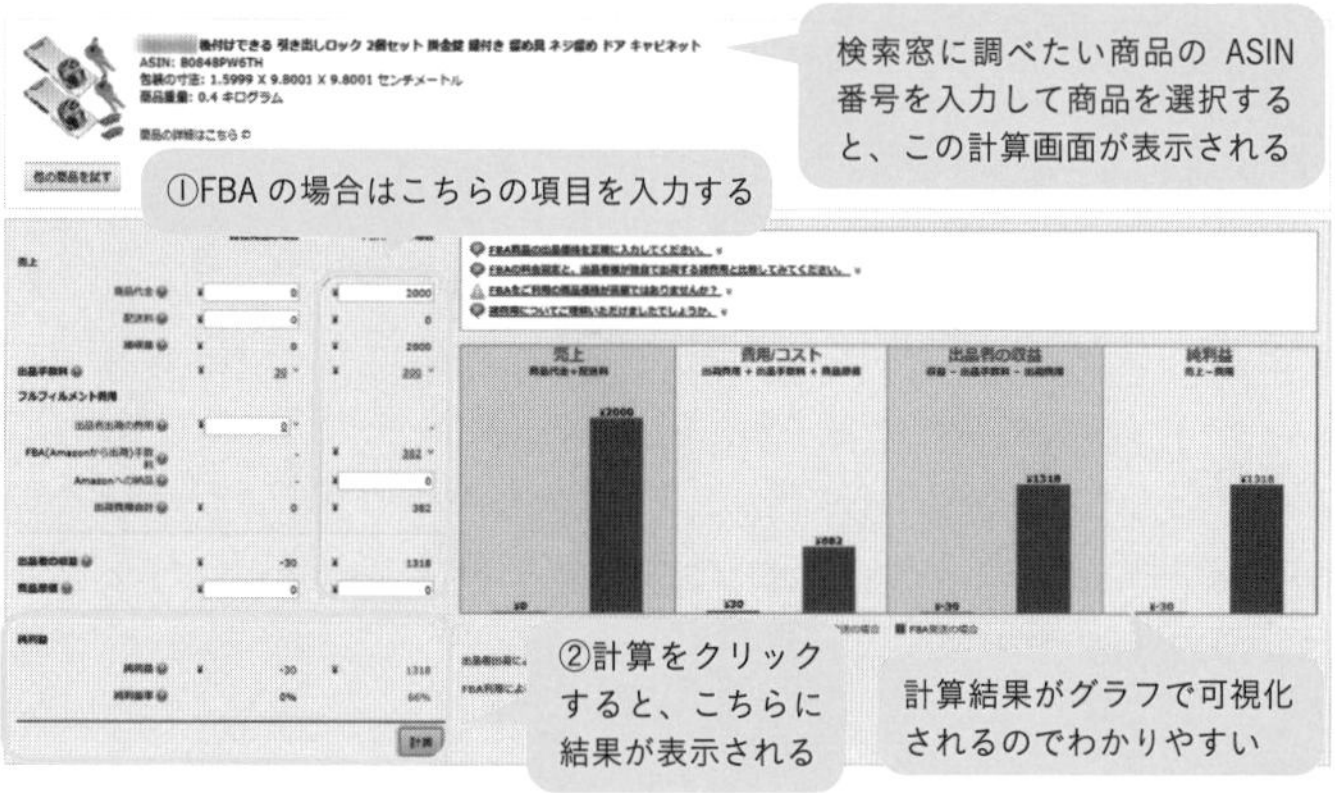
検索窓に調べたい商品の ASIN 番号を入力して商品を選択すると、この計算画面が表示される
①FBA の場合はこちらの項目を入力する
②計算をクリックすると、こちらに結果が表示される
計算結果がグラフで可視化されるのでわかりやすい

図5-7-2　FBA倉庫を利用するための準備

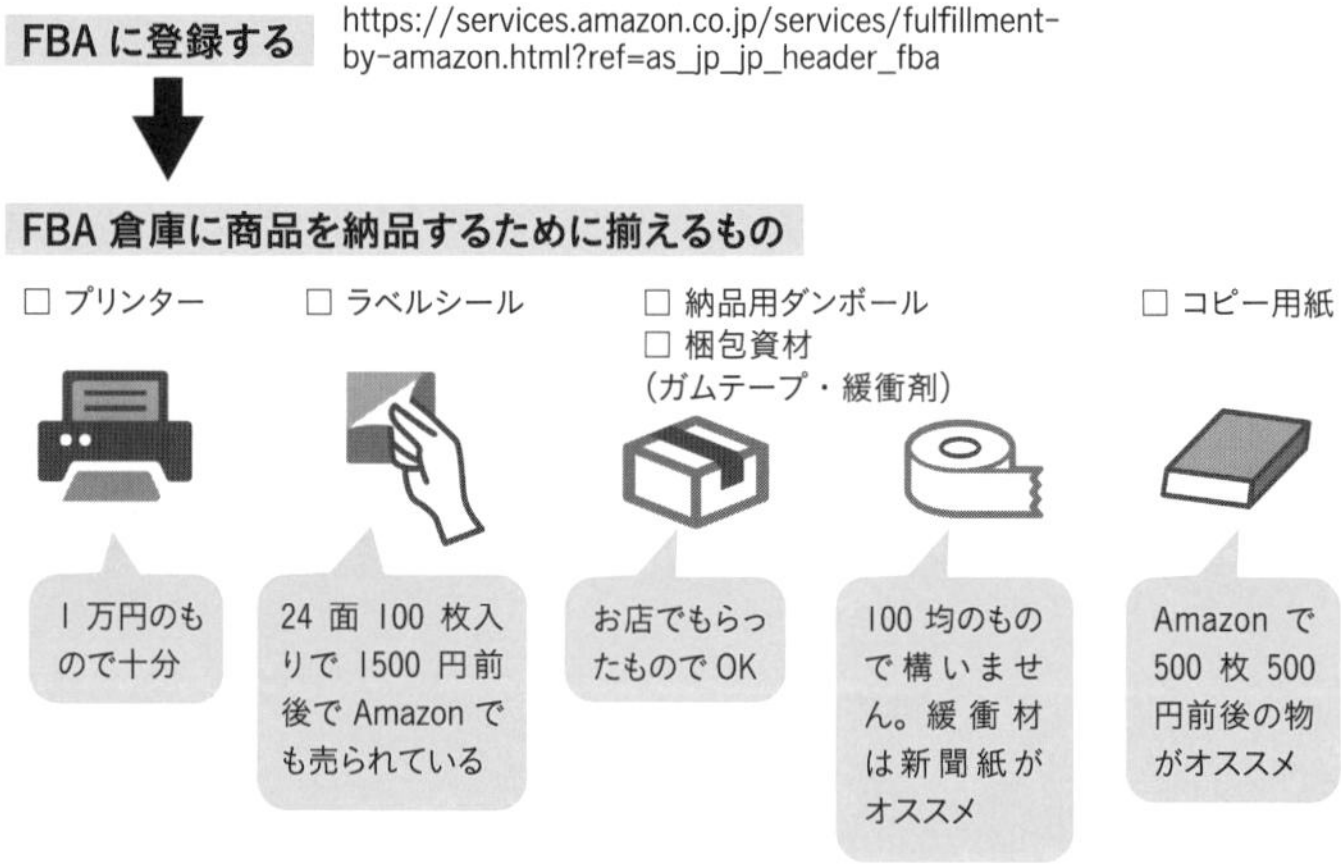
FBA に登録する
https://services.amazon.co.jp/services/fulfillment-by-amazon.html?ref=as_jp_jp_header_fba
FBA 倉庫に商品を納品するために揃えるもの
□ プリンター
□ ラベルシール
□ 納品用ダンボール
□ 梱包資材
（ガムテープ・緩衝剤）
□ コピー用紙
1 万円のもので十分
24 面 100 枚入りで 1500 円前後で Amazon でも売られている
お店でもらったもので OK
100 均のもので構いません。緩衝材は新聞紙がオススメ
Amazon で 500 枚 500 円前後の物がオススメ

ＦＢＡ倉庫に納品する

次に、納品手順ですが、ＦＢＡ倉庫には勝手に送ることはできません。あらかじめ、Amazonでの販売管理ツールのセラーセントラルから納品する商品や個数を登録してから、商品と数を納品します。このＦＢＡへの納品手順についてはAmazonが詳しい動画を作っています（グーグルで「ＦＢＡ　納品」で検索しても出てきます）。※※

一通り解説すると、①出品したい商品をセラーセントラルで登録↓②セラーセントラルで納品する商品にチェックを入れる↓③数量を入力する↓④ラベルを印刷し商品に貼る↓⑤Amazonが指定する倉庫に送る、という手順になります。あとは、Amazonで商品が受領されてＦＢＡ倉庫で受け取りが完了するとセラーセントラル上に納品した在庫が反映されることになります。

基本的にはＦＢＡ倉庫に商品を送ると受領完了までやることはありませんが、すべてを任せてしまうのも問題です。時々何らかのトラブルで受領に時間がかかる場合や、間違った数量で受領されている場合があるからです。解決しないと受領完了（販売可能）になりませんので、**商品をＦＢＡ倉庫に発送した後は「ステータス確認」を行っ**

てください。手順はセラーセントラルの左上の「在庫」→「FBA納品手続き」→「ステータス」を確認、です。「完了」となっていれば問題ありませんが、**発送から1週間経っても「完了」にならない場合や、在庫管理で数量を確認して納品した数量と「在庫あり」の数量が異なる場合は、Amazonのテクニカルサポートへ問い合わせてください。**フォームから問い合わせる場合、セラーセントラルの一番下にある「サポートを受ける」をクリックし、次のページの一番下の「さらにサポートが必要ですか?」の「サポートを受ける」をクリックすると、サポートの種類が出てきます。ここでは「Amazon出品サービス」をクリックして「問題を説明してください」に問い合わせ内容を入れると、候補が表示されるので選択して「次へ」をクリックすると回答が表示されます。候補に問い合わせ内容がなければ「私の問題は掲載されていない」を選択するとメール、電話、チャットで問い合わせが可能です。ニュアンスや詳細の説明がやりやすいので私は電話をおすすめします。

※ https://sellercentral.amazon.co.jp/hz/fba/profitabilitycalculator/index?lang=ja_JP

※※ https://www.youtube.com/watch?v=w8TO9wJrcok

図5-7-3　FBA倉庫への納品完了までの主な作業

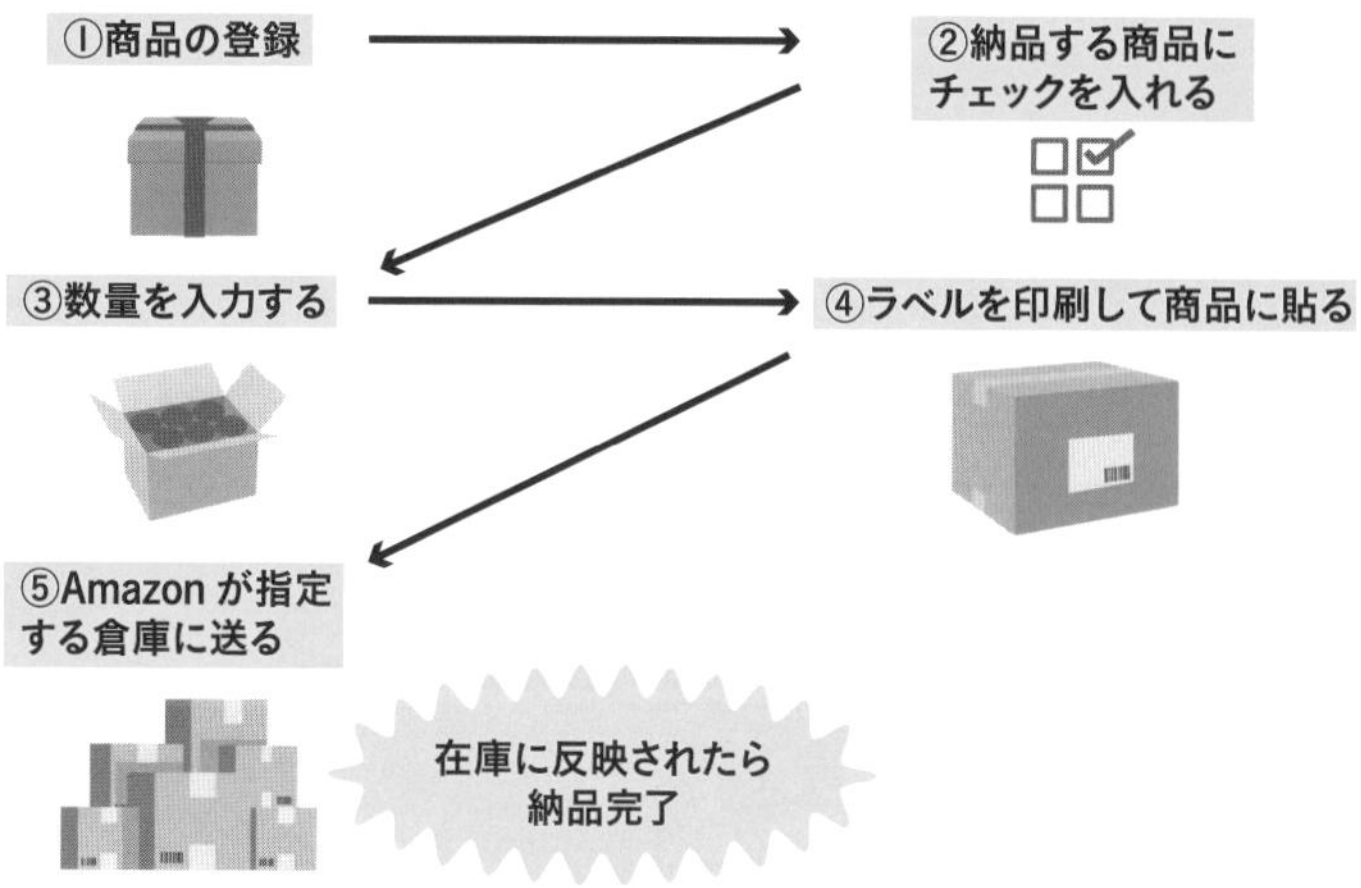

図5-7-4　電話やチャットで問い合わせたい場合

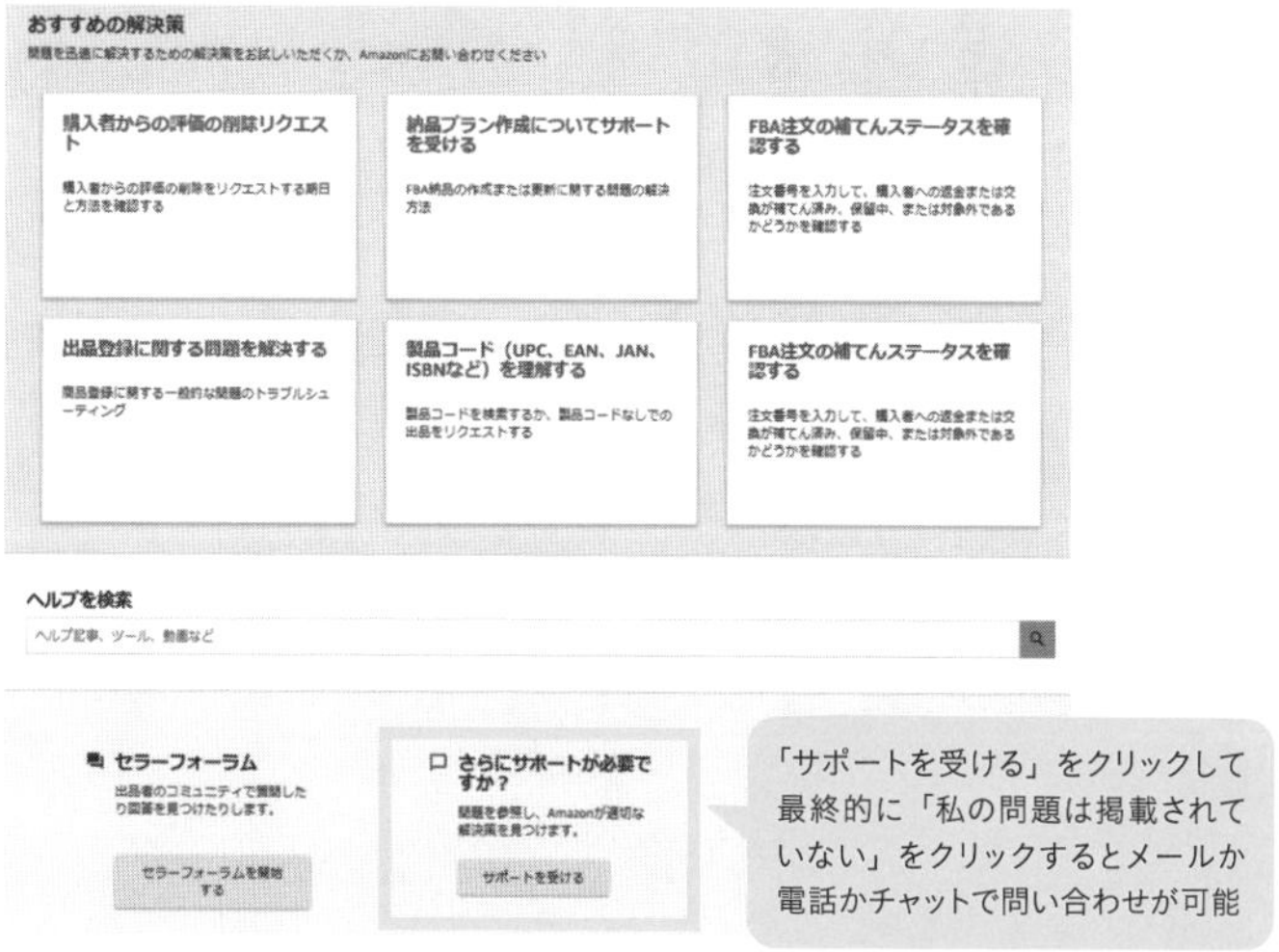

5-8

基礎知識　時短　コスト削減　売上アップ　センス不要　モチベーションアップ

半永久的に売れ筋商品のリサーチの幅を広げる方法

ゆるポイント1　**Amazonが勝手にオススメしてくれる**

ゆるポイント2　**出品者に注目するとリサーチの手間が省ける**

紹介文にキーワードがない中国商品を見つけるには？

中国輸入を続けていくとどうしても本章2節で挙げたキーワードだけでは行き詰まってしまいます。販売商品を枯渇させないためにリサーチの対象となる商品を継続的に見つける方法を解説します。

実は、本書で挙げたようなワードが入っていない中国輸入の出品者の数のほうが圧倒的に多いのです。 先にお伝えしたキーワードは、あくまでAmazon内で中国輸入の出品者や商品を探しだすきっかけです。そこからいかにしてリサーチの対象となる商品につなげていくかが、継続してリサーチができるようになるポイントです。

レコメンド機能で関連商品を探す

では早速、キーワードがなくても中国輸入の商品や出品者を見つける1つ目の方法をお伝えします。それは、**Amazonのレコメンド機能を活用する**ことです。Amazonでは、ある商品を見るとそれに関連する商品が様々なところで表示されます。これがレコメンド機能です。例えば、トップページなどでは「チェックした商品の関連商品」「よく一緒に購入されている商品」「この商品をチェックした人はこんな商品もチェックしています」「この商品に関連するスポンサープロダクト」（スポンサープロダクトとはAmazon内の広告）など見た商品と関連する商品を数多く見せてくれます。スポンサープロダクトは掲載商品に登録されたキーワードがユーザーに検索されたときに表示されますが、登録するキーワードの関連性が高いということなのでここに表示された商品も候補になります。

トップページの場合、ある商品を1つクリックするとこれらのレコメンドの商品も入れ替わりますので**キーワード検索だけでは見つからなかった様々な商品を見つけることができます。**キーワードの検索ではありませんので一部で中国輸入ではない商品も混じりますが、高い確率で中国輸入の商品がレコメンドされます。

この機能を使って商品を探すと、多くのリサーチ対象の商品が出てきます。例えば、ジュエリーケースを検索して商品を見たら「チェックした商品の関連商品」のレコメンドが出てきます。それを一通り調べ終えたら違う商品であるピアスケースなどを検索してチェックすれば「チェックした商品の関連商品」もそれに応じて変わります。このようにしてレコメンドの内容をどんどん入れ替えていけばリサーチ対象の商品をAmazonが勝手に教えてくれるようになります。

また、レコメンドは複数の商品が複数ページ出てきますので、例えば1列7商品の表示でそれが8ページあれば7×8で56商品が表示されることになります。一瞬でリサーチ対象の商品が56個見つかったことになるのです。そのレコメンドで表示された商品に相乗り出品者がいたら、その出品者も中国輸入をやっている可能性が高いのでさらにリサーチの対象を増やすことができます。

図5-8-1　レコメンド機能による半永久リサーチ

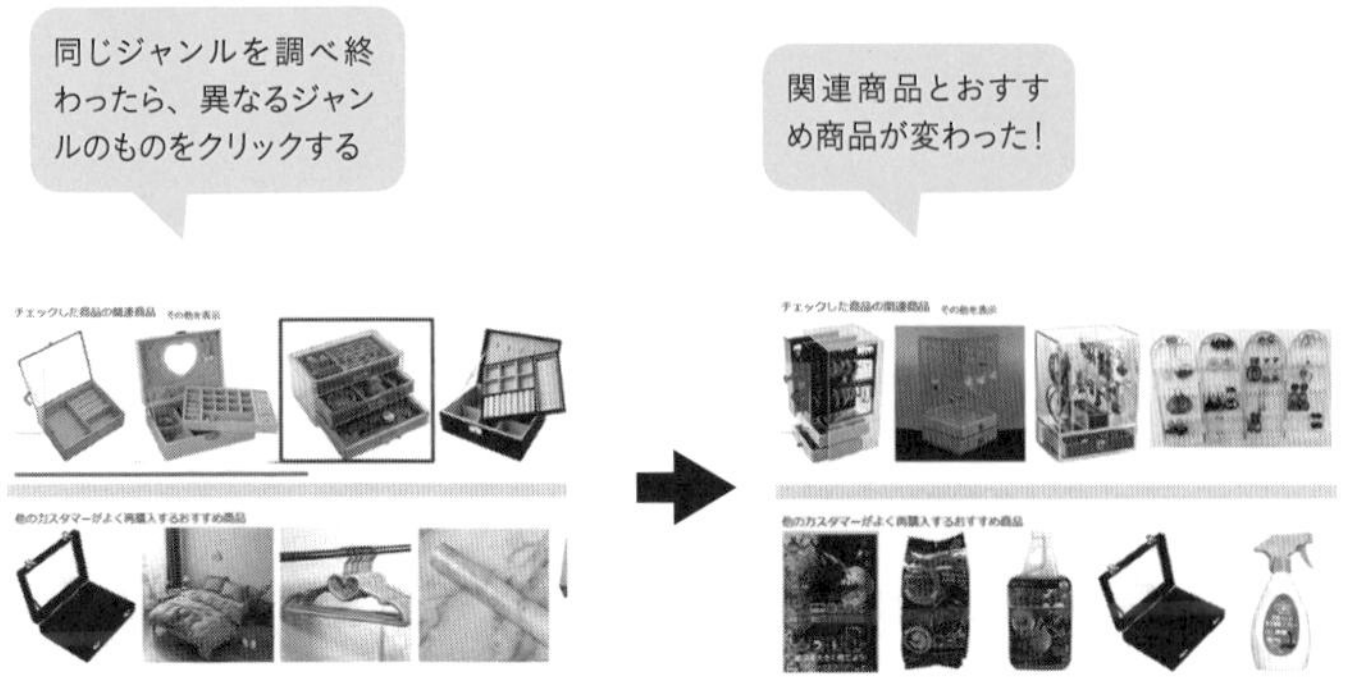
同じジャンルを調べ終わったら、異なるジャンルのものをクリックする
関連商品とおすすめ商品が変わった!

これを繰り返して、売れ筋商品をリサーチする

キーワード検索の応用

2つ目の方法は、本章2節のキーワードで検索して出てきた商品名で検索する方法です。中国輸入の場合、同じ商品が違うショップ名義で販売されていたり、売れている商品は類似品がいろいろなパターンで販売されることもあるので、商品名で検索することで新たな中国商品を見つけることができます。例えば、本章3節で挙げた「後付けできる 引き出しロック 2個セット 掛金錠 鍵付き 留め具 ネジ留め ドアキャビネット」は、「引き出しロック 掛金錠」でAmazon検索したところ多くの類似商品が出てきます。

検索結果の1ページ目のほとんどが中国輸入の商品でした。このキーワードで、ざっと50以上の商品を発見できます。さらに、出品者が扱っている他の商品名を検索すれば、さらに中国輸入の商品と中国輸入をやっている出品者を見つけることができます。この方法でまさに半永久的にリサーチの対象となる商品を見つけられるのです。

目的は出品者のリストをつくること

最後に、この検索での注意点をお伝えしておきます。レコメンドや商品名を使って中国輸入の商品を探すのは、売れる商品を探すというよりも中国輸入をやっている出品者をたくさん見つけることが目的です。**今後リサーチの対象が枯渇することが一番困ることです。**ですので、この段階で仕入れ対象になるような商品が見つからなくても問題ありません。

とにかく、見つけた出品者をリストアップしておいて後から1人ずつ取り扱っている商品を順番にチェックしていけばよいのです。最初はよい商品を見つけるまでに1時間くらいリサーチしてしまうかもしれませんが、慣れてくれば、30分ほどで見つけられるようになります。

図5-8-2 キーワード検索の応用で半永久リサーチ

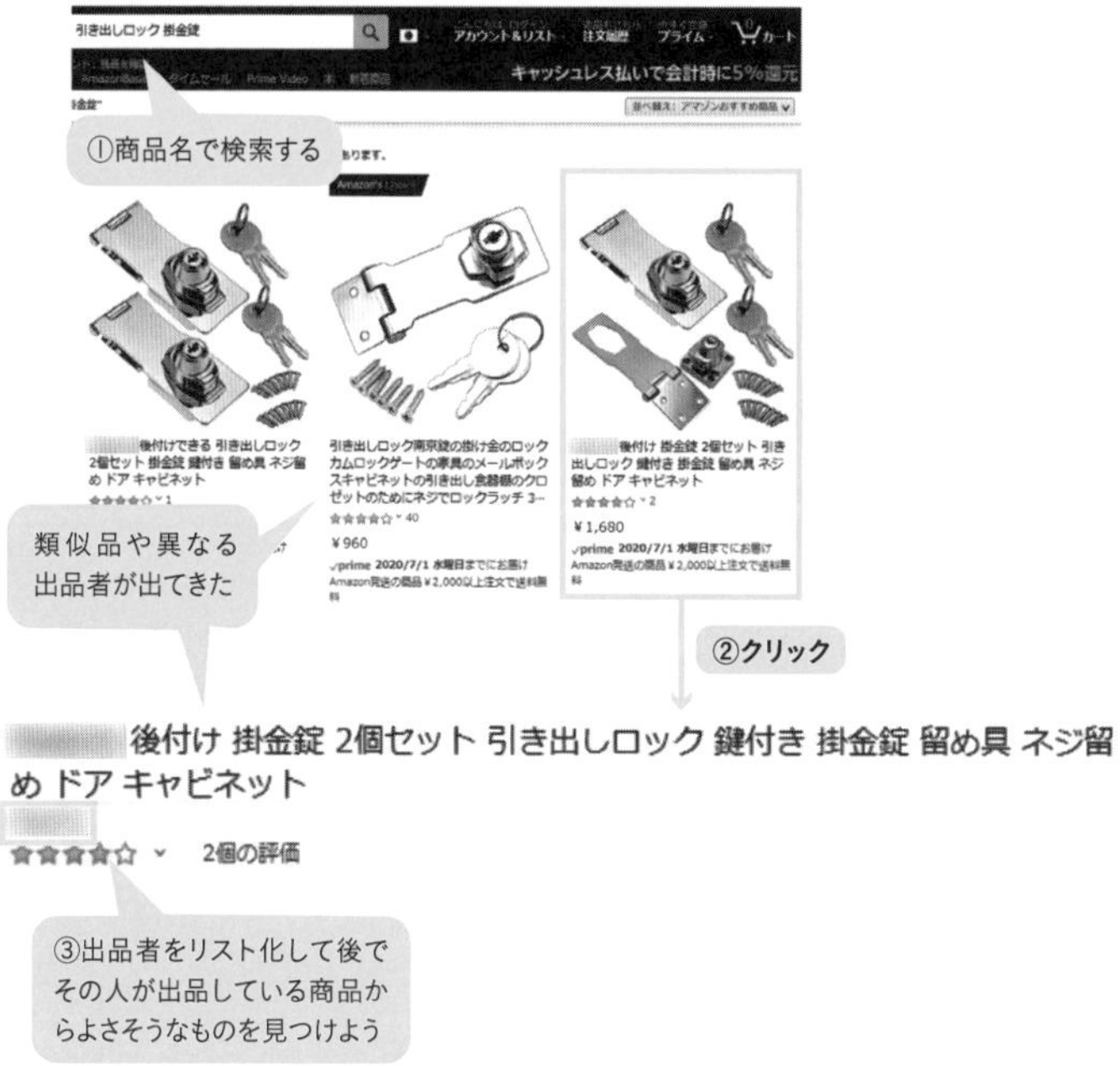

出品者ごとにリスト化する

出品者	URL
Abcd	https:○○○○○○
Efgh	https:××××××

出品商品一覧ページを記録しておく

Column 5

英語、中国語を身につける必要は?

個人輸入を教えていてよく聞かれるのは「外国語を身につけるべきか?」というものです。**私はアメリカ輸入や中国輸入を続けて通算10年近くになりますが、未だに英語も中国語も全く話せませんし読めません。**英語は学生の頃に一応勉強したので、わずかながらわかりますが、中国語の知識はゼロです。

中国輸入であれば代行業者に中国語のわかる人がいますので、中国語でわからないことを聞けば内容を教えてくれます。ですので中国輸入は特に中国語を使う機会がありません。アメリカ輸入のほうは英語のやりとりをすることがまれにありますが、翻訳サイトを使います。翻訳サイトを使って文面を考えるときは、文章よりも箇条書きで翻訳すると伝わりやすくなります。「届いた商品の○○に不具合があってうまく動きません。返品か交換をお願いしたいのですが対応して頂けますか」という文章は次のようにします。「商品が届いた。○○に不具合がある。返品か交換をしてほしい。」これよりももっと簡単に伝えるには画像を使います。例えば、箱に直接伝票を貼ってほしくない場合は、箱に伝票を貼っている画像に大きな×、袋に入れてから伝票を貼った画像に○を書いて、文章は一言「please（お願い）」と書いてその画像を送ります。

外国語を身につけなくても様々な方法で意思を伝えることは可能です。

第6章

オリジナル化して中国輸入でもっと稼ぐ

6-1

基礎知識　時短　コスト削減　売上アップ　センス不要　モチベーションアップ

オリジナル商品とは？

ゆるポイント1　あなただけの「オリジナル商品」が簡単に作れる

ゆるポイント2　ゆるく稼ぐにはオリジナル商品の独占的販売が近道

オリジナル商品とは付加価値をつけること

「オリジナル商品」と聞いて、あなたはどんな印象を持つでしょうか？ 世の中にない全く新しい商品を作り出す、それは、一部で正解ですが副業でやるのはかなり大変ですし、リスクも大きくなるのでゆるく稼ぐとはちょっと違ってきます。

見出しにもあるように、オリジナル商品とは付加価値をつけることです。

もしあなたが売れ筋商品を見つけて相乗りすると、そのページでの売上を他の出品者と奪い合うことになります。そこで、**新しく自分だけのページを作って同じ商品を独占的に販売するのです。**
しかし、現実は、売れている商品にはすでにお客様が集まっていて、購入の判断基準にもなるアクセス数やレビューを含めた商品ページの魅力では見劣りしてしまいます。唯一の対抗手段は価格ですが、利益を削る値下げ合戦になるだけです。

そうならないためにも、**新規に商品ページを作るだけではなく、オリジナル商品を独占的に販売していくのがもっと稼ぐための近道**です。私の場合は、月に50〜60個ほど販売（1日2個弱）し、売上が20万円ほどの商品があります。ちなみにこの商品は利益が大きい（50％）ので純利益が10万円になります。このようにたった1つのオリジナル商品で目標の10万円を作ることもできます。オリジナル商品には、他の商品とは違う〝売り〟となる付加価値が必要です。仮にあなたが考えた付加価値でお客様に買いたいと思わせることができれば、それはあなたのオリジナル商品と言えます。

価値の低い商品でいくら新規ページを作ったり画像に凝ったり詳しく説明文を書いたりしてみたところでお客様に買ってもらえません。つまり、お客様がこの商品は◯◯があるので買おう！　と考えるかどうかが、稼げるかそうでないかの分かれ目になります。詳細は次節で解説します。

6-2

基礎知識　時短　コスト削減　売上アップ　センス不要　モチベーションアップ

ゆる副業向けのオリジナル商品は3種類ある

ゆるポイント1　説明書をつけるだけでも立派なオリジナル商品

ゆるポイント2　オリジナル商品はリスクの小さい方法からはじめる

実はオリジナル商品と言っても様々な種類があり、その難易度も違います。大きく3つの種類に分かれますので、それぞれについて解説していきます。

簡単なオリジナル商品

最初に解説する「**簡単なオリジナル商品**」は最も簡単です。それは、**既存の商品にケースやタグなどをつけたり、説明書・保証書などをつけたりしたなんちゃってオリジナル**です。要するに既存の商品の機能的な部分は変えずに、そのほかの部分に手を加えて自分の商品としてしまうやり方です。オリジナル化するのが既存の商品になりますので、技術的なことや機能的なことを考える必要はありませんし、新しく作るわけではないのでロット数の制約もありません。それも面倒であれば、ライバルと同じ商品をメインに取り扱うので間接的な相乗りという方法もあります。

単価を上げる！　セット商品

次にちょっと考えるレベルを上げていくと**「セット商品」**があります。おまけレベルであれば簡単なオリジナル商品と変わりません。もう少し考えを深くして「その組み合わせで商品の価値は上がるのか」を考えてセットを組むようにしましょう。

例えば、コスプレ用のウィッグのセット商品を考えると1つの方法として「オールインワン（全部セット）」があります。コスプレはウィッグだけではなく、衣装や小道具の他、靴や手袋などの小物など、キャラになりきるために必要なものがたくさんあります。それをひとまとめにすることで、単価は上がってもこのセットさえ買えばキャラになりきれるため、他のコスプレの単品にはない買う価値（付加価値）をつけられます。しかし、極端な話、既存の商品の組み合わせなので、根気強く探せば誰にでも作れてしまいます。そのため、リアル店舗で買った商品をセットにして同じセットを組みづらくするのも手です。

相乗りを防止する！　簡易的なオリジナル商品

少し難易度が上がりますが、「簡易的なオリジナル商品」にも挑戦してみてください。他の商品にはない明らかな差別化ポイントを作るためにデザインの一部を変える、素材を変える、商品に直接印字や刻印などをします。これなら**完全一致する商品はありませんので相乗りの防止になります。**ただし、資金がかかり、ロットが多くなって在庫リスクも大きくなりますが、独占的に販売できます。セット組みのようにお客様にとっての商品的な魅力（付加価値）を考えましょう。

ゆるくはないけど、一番真似されにくいオリジナル商品

最後に、上級者向けなので簡単に解説しますが、**「完全オリジナル商品」**があります。カラーなど一部の変更だけではなく、機能を改変します。大きなロットが必要になりますので、ゆる副業でいきなりこの方法に挑戦するのはオススメできません。まずは一番リスクの小さい方法から取り組み、徐々にレベルを上げていってください。

図6-2　ゆる副業向けオリジナル商品の種類

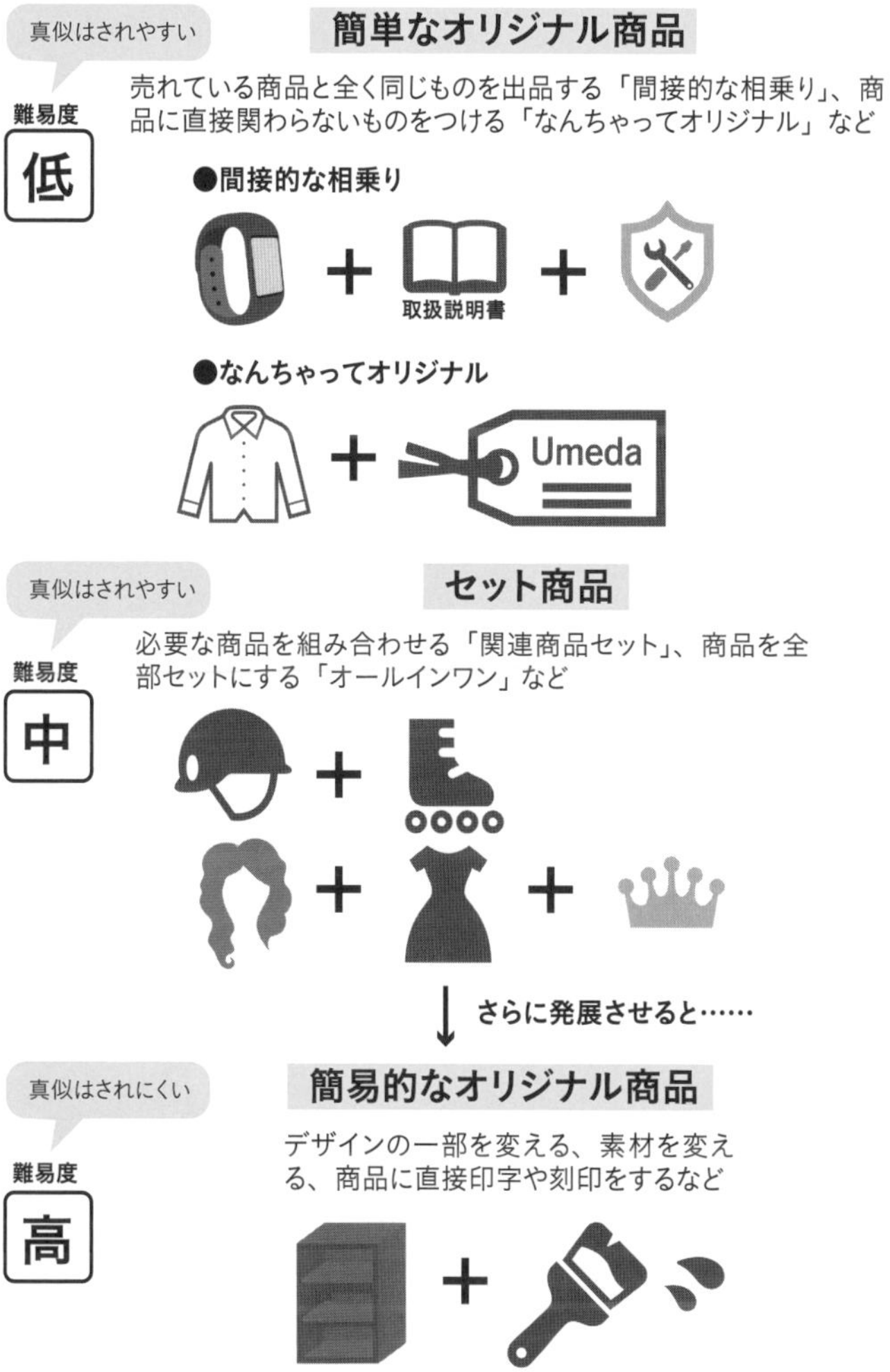
真似はされやすい
難易度
低
簡単なオリジナル商品
売れている商品と全く同じものを出品する「間接的な相乗り」、商品に直接関わらないものをつける「なんちゃってオリジナル」など
●間接的な相乗り
取扱説明書
●なんちゃってオリジナル
Umeda
真似はされやすい
難易度
中
セット商品
必要な商品を組み合わせる「関連商品セット」、商品を全部セットにする「オールインワン」など
さらに発展させると……
真似はされにくい
難易度
高
簡易的なオリジナル商品
デザインの一部を変える、素材を変える、商品に直接印字や刻印をするなど

6-3

基礎知識　時短　コスト削減　売上アップ　センス不要　モチベーションアップ

オリジナル商品を企画するための3ステップ

ゆるポイント1　**作る商品はAmazonランキングに従えばOK**

ゆるポイント2　**図6-3-2から1つでも実践できれば、それはオリジナル商品**

前節で紹介した「簡単なオリジナル商品」「セット商品」「簡易的なオリジナル商品」を、ライバル商品よりも売れる商品にするための企画のやり方を解説していきます。オリジナル商品と言っても、自分だけのオリジナルを作るPB制作やOEM（他社ブランドによる製造）はリスクが高すぎるので除きます。

ライバルに勝つための考え方

一番わかりやすい考え方は**「組み合わせ思考」**です。これは、自分の強みや経験、他商品、商品レビューから、その商品の弱点や足りない点、不満を見つけてそれを補うことでオリジナル商品にするやり方です。例えば、手先が器用なのでプラモデルの塗装が可能、販売員なのでプレゼント用のラッピングが可能など、自分の強みや経験で類似商品の弱点を補います。自分の強みや経験は多いほど、後で説明するステップ3で役立つでしょう。

注意いただきたいのは、**低価格、数、デザインだけではライバル商品に勝てない**という点です。安さは同じ価格にされたら終わり、同一商品の複数セットは価値ではありません。デザインは、お客様とあなたは同じ感覚ではないのが難しいところです。かっこいい、かわいいの定義が違います。これでは勝てるとは言い切れませんので、そうではないポイントを作る必要があります。

ステップ1　商品のカテゴリ選定からはじめる

では、ライバルに勝てる商品を企画する方法を解説します。まずやることは「商品の選定」です。とにかく売れている商品を探します。例えば、相乗りのリサーチをしていて商標やその他のオリジナル化がされていて出品を断念した商品や、ランキング上位の商品など、自分が販売しているもの以外でもOKです。

この後のほうが大事です。探した商品のランキングを見てください。**このとき、上のほうのカテゴリではなく、末端のカテゴリに注目します。**大枠のカテゴリでは大手企業やメーカー品が多く、中国からの個人輸入では到底対抗できない商品のことが多いためです。ここで考えるのは、そのカテゴリのパイの特徴です。

例えば「スポーツ&アウトドア」カテゴリなら、多くの人が使う「バッグ」カテゴリを選びます。ですが、商品も万人受けするものを選ぶと競争が激しくなるため、末端カテゴリの「バッグ」の中から少しニッチな「ハイドレーションバッグ（歩きながら給水できるリュック）」といったターゲットを絞れる商品を選ぶとよいでしょう。末端カテゴリを選ぶときはニッチなところでトップをとろうとせずに、**メジャーなカテゴリでその中の一部の商品群でトップを狙う**ようにします。カテゴリの流通額の大きさについては具体的にはだせませんが、レビュー数を比較すれば、他のカテゴリとの比較は可能です。また、ツールを使うことである程度の市場規模も推測できますので、末端カテゴリで比較検討してその中で決めるのがベターです。

ステップ2　商品の素を決める

図6-3-1　Amazonと楽天から商品カテゴリを考える

いよいよ本題ですが、このカテゴリのどの商品で作っていくかは「すでに売れている商品」をもとにします。売れていない商品を売ろうとしても需要を作ることは、個人ではほとんど不可能ですから、販売実績を調べます。

ステップ3　改善点を探して付加価値をつける

企画商品が決まったら、その商品の付加価値を考えていきます。

まず、対象の商品の売れている理由などをレビューや商品ページからリサーチします（次節で詳述）。主に、機能・デザイン・サイズ・重量・色などについて好意的なレビューを探すとよいでしょう。これらを洗いだしたら、他の商品情報を見比べてよい点を探します。

次に、その商品や類似品ではどういう不満があるかなど、レビューから評価の低い理由を読み取ります。最後に、比較した事実をもとに不満や「あったらいいな」と思う不足や欠陥を補うように自分の強みと組み合わせるわけです。この順番で考えていくとどんな商品にも「勝てる価値」をつけることができるようになります。

あとは、この付加価値を具体的に「商品」にしていきます。**オリジナル商品にしていくための手段である「転換ポイント」を難易度別にS・A・B・Cの4段階に分けました。**S〜Cの転換ポイントを「勝てる価値」に合わせて最低1個以上入れることで、既存の商品をあなただけの商品に変えることができます。レベル感としては、Cは簡単ですぐできるレベル、Bは少し面倒だけどできるレベル、Aは簡易的なOEMレベル、SはOEMレベルです。

転換ポイントは多くするほどマネされにくくなります。その反面、「誰の何を解決するのか」が明確に伝えられなくなりますので、**転換ポイントは多くても3個までが妥当です。**

例えば、図のように組み合わせた商品例を参考にしてください。

図6-3-2 オリジナル商品への転換ポイント

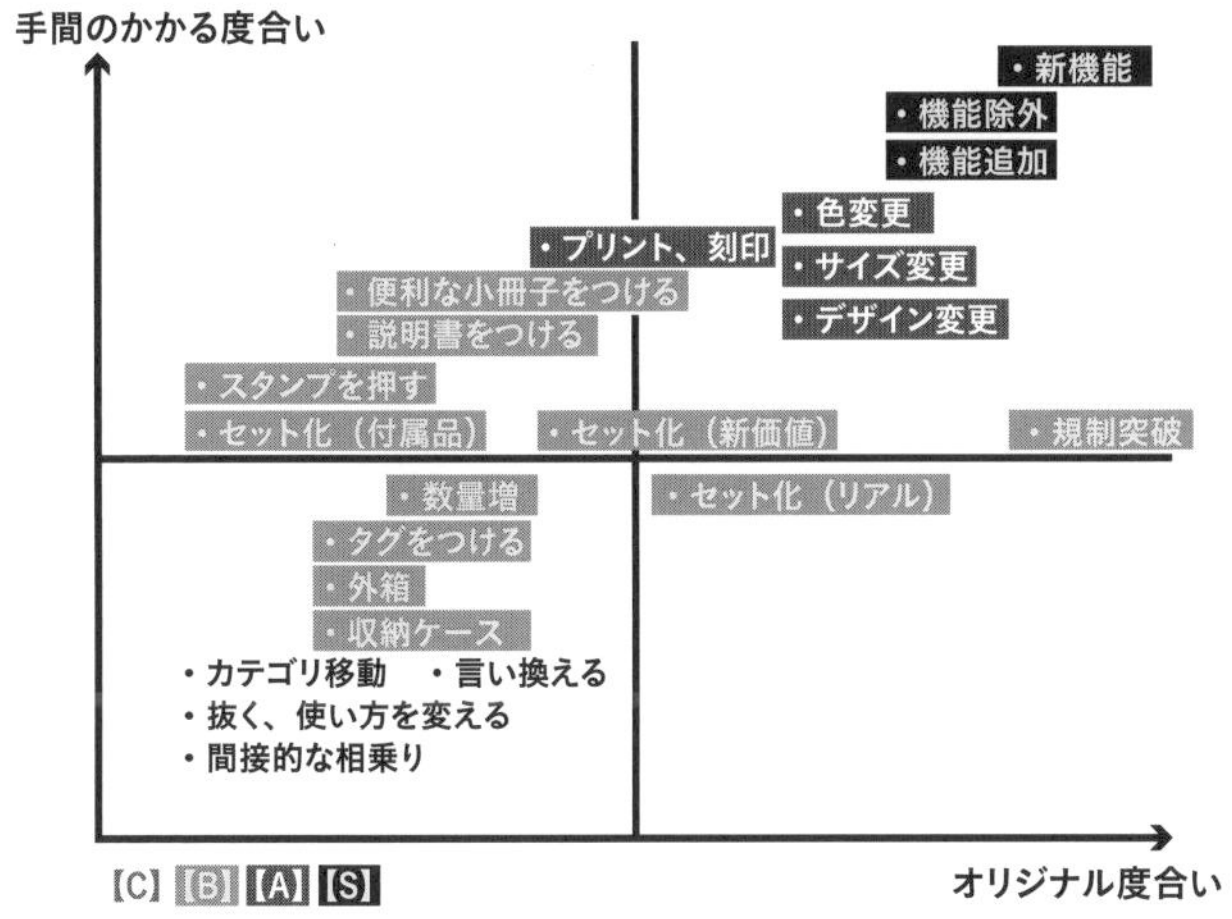

図6-3-3 勝てる価値の作り方

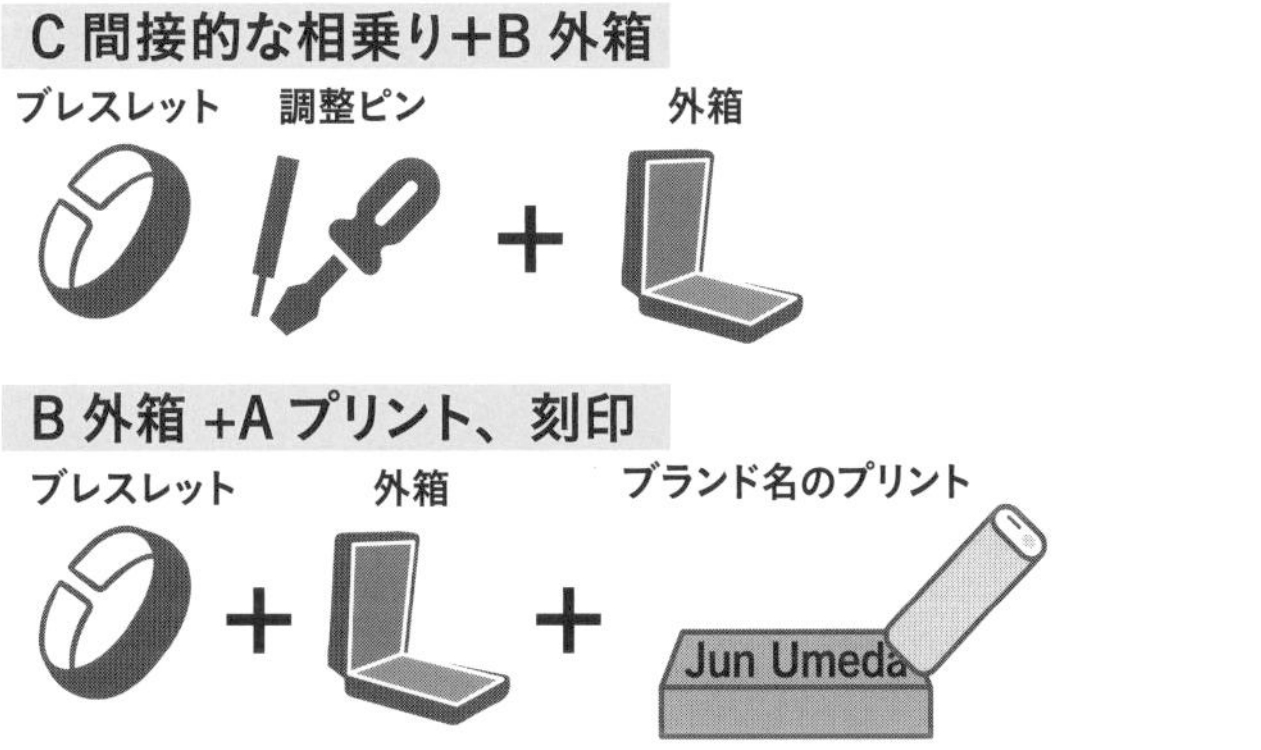

➡既存商品の不足を補うように SABCD の組み合わせを考える

※中国にある既存商品の付加価値が日本になければそのまま
　商品を仕入れるので OK。ただし見つかったらライバルは増える

基礎知識　時短　コスト削減　売上アップ　センス不要　モチベーションアップ

商品リサーチで売れるオリジナル商品の素を探す

ゆるポイント1 ライバル商品のレビューを読むだけでアイデアがわいてくる

ゆるポイント2 気になる商品の画像をながめるだけでもOK

前節ではさらっと書きましたが、商品の素や転換ポイントを決めるのは、一番難しいところです。商品が決まったら、オリジナル商品でも、相乗り時と同様にリサーチを行います。それでは、私が商品の情報を収集するために行っている代表的なやり方を紹介します。

ネットショップからアイデアを集める

これは前節でも簡単に紹介しましたが、**「Amazonランキング」と「楽天ランキング」を見て、各ランキングの上位商品を商品の素のヒントにします**

（100位程度まで）。簡単に言えば、ランキングが高い⇓よく売れている⇓需要がある、と考えられます。

次にリサーチするのが、Amazonや楽天などの商品ページやレビューです。調べた既存商品の不満や問題点を解消すると、あなたの商品を買う理由（付加価値）ができ上がります。★1や★2のレビューはもちろん、★3や★4のレビューでも良いところと悪いところの両方が書いてあることがありますのでチェックしてください。例えば、次ページの図はそれぞれ違うエンジニア向けの透明なバッグのレビューです。レビューには、ポケットが少ない、耐久性が低い、小さいなどお客様の不満があります。エンジニア向けのバッグでオリジナル商品を作ろうと思ったら、役に立ちます。

画像検索でセット商品のアイデアを得る

気になるキーワードがあるときは、グーグルの画像検索が使えます。**考えている商品を検索し、その商品とともに画像に写っているものに注目するのです。**例えば、「サッカー　練習」で検索すると、練習風景の画像がでてきます。そこにはハードルやラダー、コーン、マーカー、バランスボールなどなど様々な商品が写っていますので、

図6-4　Amazonと楽天からオリジナル商品を考える

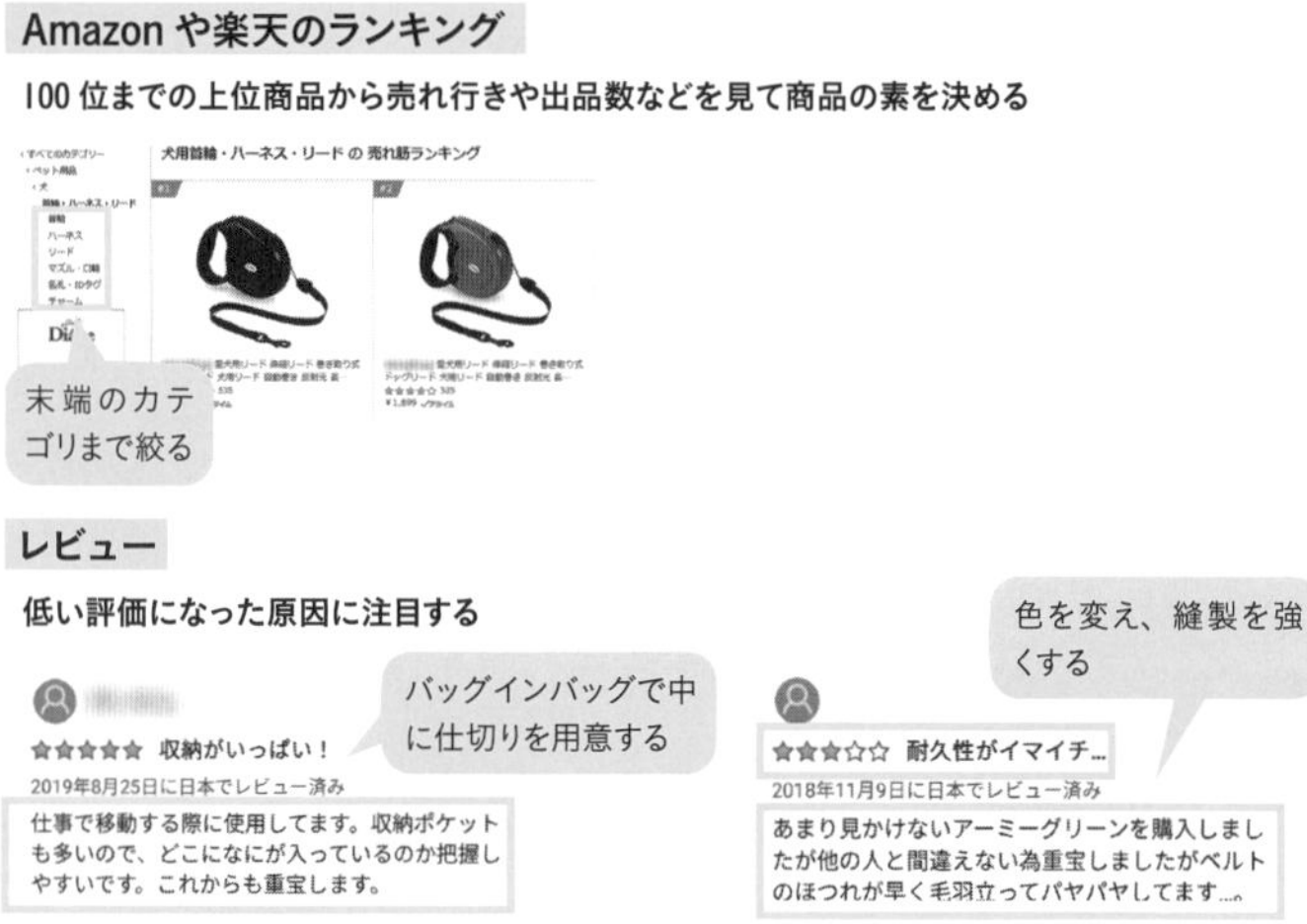
Amazon や楽天のランキング
100 位までの上位商品から売れ行きや出品数などを見て商品の素を決める
犬用首輪・ハーネス・リード の 売れ筋ランキング
末端のカテゴリまで絞る
レビュー
低い評価になった原因に注目する
バッグインバッグで中に仕切りを用意する
収納がいっぱい！
2019年8月25日に日本でレビュー済み
仕事で移動する際に使用してます。収納ポケットも多いので、どこになにが入っているのか把握しやすいです。これからも重宝します。
色を変え、縫製を強くする
耐久性がイマイチ...
2018年11月9日に日本でレビュー済み
あまり見かけないアーミーグリーンを購入しましたが他の人と間違えない為重宝しましたがベルトのほつれが早く毛羽立ってパヤパヤしてます...。

画像を見ているだけでセット販売できそうな商品が見つかります。

オフラインでアイデアを探す

ネットだけで調べていても自分の知識や興味の範囲が中心になりがちですが、「展示会」や「見本市」に行くとところ狭しと商品がありますので、今まで自分ではたどり着けなかった商品にも出会えます。**お客様や企業の生の声も聴けてオリジナル商品へのヒントになるのはもちろん、そのまま仕入れ先になることもあります。**

様々な展示会がありますが、最大規模なのは東京や大阪で春と秋に開催されるビジネスガイド社主催の「インターナショナル・ギフト・ショー」※です。公式サイトから手続きをすれば入場も無料です。各出展社には基本的に営業担当者がいますので、気になった商品の話や開発秘話を聞けば自分の商品づくりのヒントにもなります。

他人の力を借りてアイデアにする

それでもどうしてもアイデアが湧いてこないときには、他人の力を借りましょう。それは、**ランサーズやクラウドワークスなどのサービスで「アンケート」をとって商品への意見を求める方法です。**アンケートには選択式と記述式があり、記述式のほうが1アンケートあたりの単価が高くなります。設問数が多いほど高額になりますので過去の他の人のアンケートを参考に価格帯を決定してください。n数（回答数）は50～100あれば平準化されます。最後に自分の作りたい商品がわかってきたら、その商品の市場規模を考えるなど数字の話になってきます。

※ https://www.giftshow.co.jp/

基礎知識　時短　コスト削減　売上アップ　センス不要　モチベーションアップ

オリジナル商品の出品登録をする

ゆるポイント1　バーコードの取得もネットで簡単

ゆるポイント2　「エラーコード：5665」が出ても心配はいらない

オリジナル商品をAmazonに出品していくためにはいくつかのステップがあります。

第1に商品のバーコードを発行する

まず**オリジナル商品の出品に必要なGS1事業者コード(旧JANコード)の取得をしておきましょう。**このコードはあなたの商品ということを示すもので一般的にみなさんがバーコードと呼んでいるものの下に書いてある13桁の数字のことです。Amazonに新規に出品する際に必要になり、流通システム開発センター※で取得できます。

第２に商品ブランドを登録する

また、Amazonの仕様が変わり、**出品にはブランド登録が必要**になりました。登録しないで新規出品しようとすると「エラーコード：５６６５」が表示され出品できません。

一番よいのはそのブランドの商標を取得していることなのですが、これには6か月ほど時間が必要で費用もかかりますので、初心者には現実的ではありません。

そこでAmazonに「エラーコード：５６６５」の解除を申請します。申請方法は、テクニカルサポートへエラー内容を伝え「ブランド名とブランドロゴのある商品画像」を提出します。

提出するブランド名は、出品者が考えたものであれば、店名でも構いません。商品にブランドロゴが印字または刻印されている状態の画像である必要がありますが、アパレルの場合はブランドタグでも構いません。ただし、シールは認められていません。「恒久的な方法」での証明を求められますのでスタンプが最低限必要です。その他、印字や刻印でもＯＫですが一番手軽なのがスタンプです。オリジナルのスタンプを作ってくれる業者さんがたくさんいますので、あなたのブランド名でスタンプを作り、商品や箱に押してその画像を提出すれば解除されます。ちなみに、スタンプは実際に販売する際に押す必要はありません。

GS1事業者コードの取得と「エラーコード：5665」の解除が新規で出品する際に最低限必要な作業になります。

※ https://www.dsri.jp/jan/

図6-5 「エラーコード:5665」の解除手順と流れ

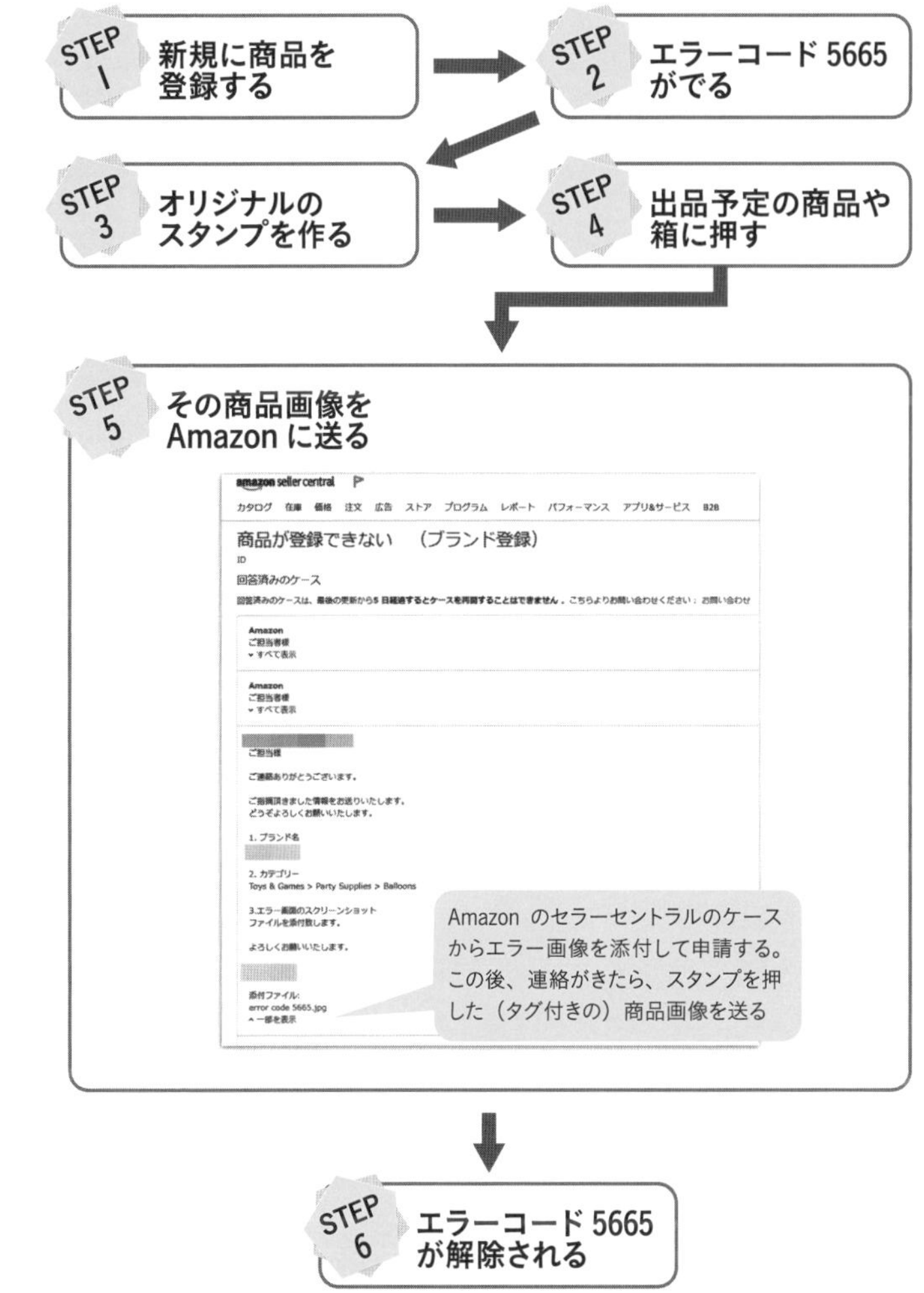

6-6

基礎知識　時短　コスト削減　売上アップ　センス不要　モチベーションアップ

売れる商品タイトルと説明文の作り方

ゆるポイント1 **商品タイトルは検索ボックスと類似品の言葉をマネる**

ゆるポイント2 **サムネイル画像はむしろシンプルなものでよい**

Amazonで商品を売っていく際に欠かせないものが、サイト上のタイトルと商品画像です。タイトルと商品画像には一定のセオリーやノウハウがあるため、適当に作っても売上にはつながりません。ここではその作り方の具体的方法について解説していきます。

商品タイトルのルール

まずは商品タイトルです。簡単に説明すると、「**文字数は全部で50文字以内、左から、『ブランド名+商品を表す単語+詳細情報』**」で作成します。ちなみに50文字は商品タイトルのみの場合で、バリエーション（サイズや色展開のある商品）の登録がある場合は65文字までOKです。入力時、単語の間には半角スペースで区切りを入れてください。例えば、誕生日に部屋で飾る風船のセットの場合、178ページの図のように考えます。バリエーションの文字数を抜いて47文字です。

左側にあるほど重要な単語だとAmazonに認識されます。ですが、「商品を表す単語」なら何でもよいわけではありません。検索に引っかかる単語を入れる必要があります。この商品を求めている人たちは、**ある一定の単語で検索することが多いのですが、Amazonの検索ボックスで単語を入力するとその関連検索用語（サジェスト）を見ることができます。**誕生日関連の商品を売る場合、誕生日に続く関連検索用語は、カード、ケーキ、プレゼント、バルーン　風船飾り、ガーランドです。これらの単語を使って商品名を作っていきますが、これだけでは50文字を埋めることができないかもしれません。とはいえ、全部を自分で考えるのは大変なので、類似品で使われている言葉もとり入れます。もし、**類似品で同じ単語が何度も使われていたら、それは何度も検索されている重要な単語である可能性が高い**と言えます。

ちなみに人が一度に知覚できる範囲は15文字程度といわれています。しかし、一番左に入力するあなたのショップ名もしくはブランド名で検索される可能性は非常に低

図6-6-1　Amazonセラーセントラルの入力画面

商品名の例

○○○○○○○○	誕生日 飾り付け風船 Happy Birthday	文字 ハート等 50 個セット	（ブルー）
ブランド名	**商品を表す単語**	**詳細情報**	**バリエーション**
本来は自社のブランド名を入れる。推奨はしないが、認知度の問題から省くこともある			

いので、その単語が一番重要なところにあるのももったいないのは確かです。ルール上ブランド名が一番左となっていますので推奨はしませんが、順番を入れ替えて「商品を表す単語＋詳細＋ブランド名＋（バリエーション）」としている商品や、ブランド名そのものを省いているところもあります。

商品画像のルール

続いて商品画像です。画像は商品を購入するうえで非常に大きなウェイトを占め、買うか買わないかの80％は画像で決まるともいわれているくらい重要なものです。

あなたは商品を検索したあと、どんな画

像をクリックしてみたくなりますか？　おそらく探している商品だとすぐにわかった画像ではないでしょうか。多くの人は、検索したら、まずは画像でほしい商品か判断し、そのうえでレビュー数や点数を見て、クリックするかを判断していると思います。つまり「検索結果で見たときに一目で何の商品かがわかりクリックしたくなる画像」であることが重要だと考えます。

181ページの図はよくない例です。壁にかけられるプロジェクタースクリーンですが、どんな商品なのか画像からは全くわかりません。多少、画像が悪くても「商品タイトルを見てくれればわかる」というのは出品者の思い込みで、何かわからない商品を、お客様はクリックして中身をいちいち確認したりせず、スルーします。たった数センチの検索結果の画像（サムネイル）ですが、売上に直接影響するためサムネイルには最も神経を使うべきです。

このサムネイルは商品ごとに見せ方も変わってきますが、**基本的には、ランキングの上位にある商品や売れている類似商品の画像が参考になります。**売れているのは、ライバルの中でもクリックされていることに間違いありませんので、どういう配置や見せ方をしているのか他の商品同士を見比べて、売りたい商品に取り入れていきましょう。なお、Amazonの規約では、**1枚目の画像は白抜きで、かつ商品が画像の80%以上を占めている必要があります。**左の図の下段は規約違反の画像になります。商品以外のものやキャッチコピーなどが入っていて白抜き部分もありません。ですが、補足のイメージ画像としてはよいものなのでメイン画像にしなければ使えます。サムネイルは、商品を大きく撮るシンプルなものがよいです。

〝刺さる〟伝え方（画像と商品説明文）

最後にその価値の〝刺さる〟伝え方をお伝えします。**基本的には、画像や商品説明・仕様は上から順番に読まれますので、作り手もその流れに沿ったストーリーをつくることで商品の魅力が伝わり説得力が増します。**まず、見た人の課題を明確にして共感を得ます。次に、その解決方法（結論）を伝えて課題が解消できることを知ってもらい、なぜ解決できるのかの根拠を伝えて信頼感を得ます。最後に、この商品を使ったことで得られるステキな未来の姿を伝え、その未来を手に入れるための行動を促します。この流れに沿って画像や商品仕様、説明文を作っていきましょう。

図6-6-2　絶対にやってはいけないNG画像

装飾品が多すぎて、一見してどれが販売されている商品かわからない

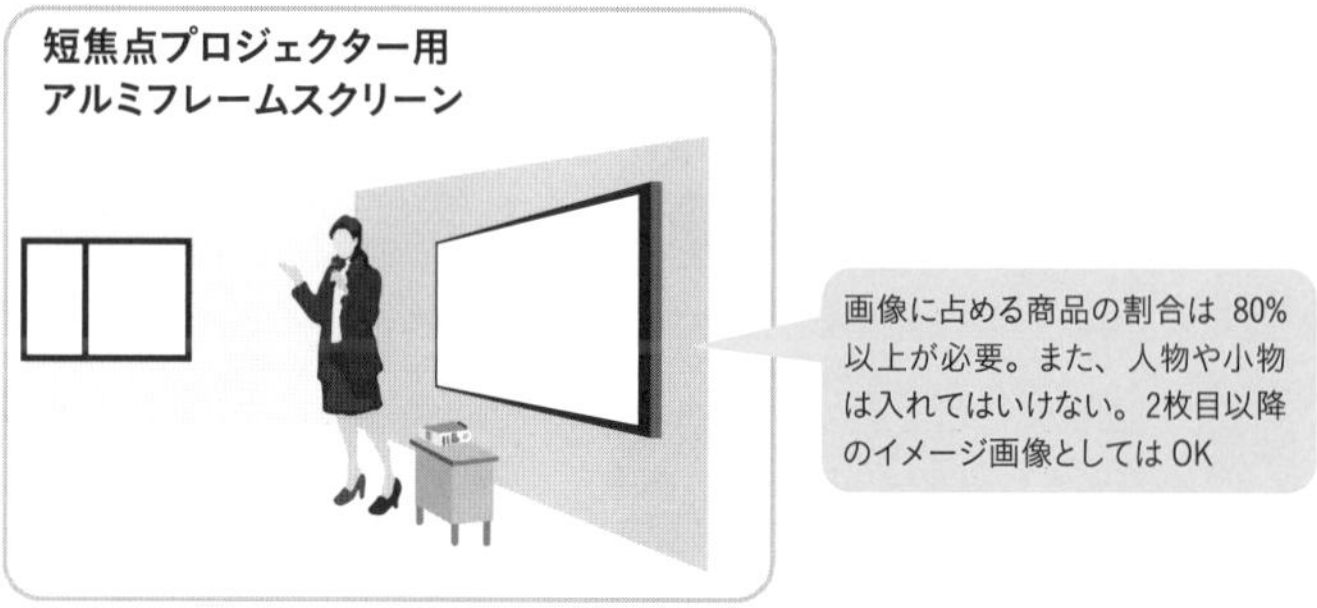
短焦点プロジェクター用
アルミフレームスクリーン
画像に占める商品の割合は 80%以上が必要。また、人物や小物は入れてはいけない。2枚目以降のイメージ画像としては OK

図6-6-3　ダイエット器具の商品説明の例

構成	商品説明
課題	最近、年齢を重ねるとお腹のたるみが気になりますよね
解決	この○○を使えばあっという間にお腹を引き締められます！
根拠	新開発の□□で 5 分で腹筋 100 回と同じ効果があるからです！ （具体的な数値を入れるとさらによい）
未来	引き締まった魅力的なお腹で異性もあなたの虜になるでしょう
行動	今なら○○もついてさらにお得！ 期間限定で 20%割引を実施中！　など

上記の流れで、イメージ画像や商品画像を作成する

6-7

基礎知識　時短　コスト削減　売上アップ　センス不要　モチベーションアップ

商品紹介コンテンツを充実させる

ゆるポイント1 とりあえず画像だけでも登録すべし！

ゆるポイント2 登録から反映までには5分もかからない

Amazonのページでは、商品について説明をするところが2か所あります。

1つは、商品画像の横にあるもので通称「仕様」と呼ばれるところと、もう1つは、仕様から少し下にある「商品の説明」というところです。

商品紹介コンテンツのメリット

購入者は画像の近くにある「仕様」はよく見ると思いますが「商品の説明」は多くの人が素通りしてしまうところだと思います。これまで「仕様」にはテキストしか入れられないという欠点もありました。そのためもっと商品のよさを説明したいと思ってもできませんでしたが、それを可能にしたのが「商品紹介コンテンツ」です。

Amazonが用意した11種類のパーツを自分なりに組み合わせた商品の説明を作成できるようになりました。例えば、画像をもっと大きくたくさん用いたり、他の取扱商品と比較したりして商品の魅力を伝えることができます。パーツ（正確にはモジュール）は最大で5段まで足すことができますが、**最初は1つのパーツだけでもよいので作成して反映してみてください。**

表示される場所は、テキストだけの商品の説明と同じ場所です。ですから商品紹介コンテンツを登録した場合は、商品の説明に上書きされるかたちになりますので商品紹介コンテンツと両方を表示させることはできません。ここで1つ注意すべきことがあります。商品の説明が下に表示されるのはパソコンで見た場合です。スマートフォンで見た場合は、商品の説明と商品仕様の位置が逆になりますので、お客様は先に商品紹介コンテンツを見ることになります。スマートフォンからの購入は年々増加していますので、お客様に商品画像の次に見られる商品紹介コンテンツの充実は欠かせません。

登録の仕方は簡単で、反映も速いです。次に解説していきます。

商品紹介コンテンツの登録方法

左の図のように、セラーセントラルの在庫タブからコンテンツマネージャーにアクセスします。次のページでは、モジュールを選択（ブランド画像はなくてもOKです）し、画像、テキストを入れます。類似の商品バリエーションがある場合は「比較」のモジュール、詳細を伝えたい場合は「画像＋テキスト」のモジュールなどで情報を入力します。とりあえずテキストはなくても作れます。入力したほうがより商品のことを伝えられますし、Amazonの検索順位の対策にもなります。

すべての情報を入力したらプレビューをクリックして間違いがなければ、「保存して送信」でAmazonに掲載の申請をします。もし、エラーがあればその理由が通知されますので修正して再度送信してください。

基本的には新規で登録した全商品で作成するようにしてください。通常の商品画像は1枚ずつしか表示できませんが、ここでは複数枚の画像を同時に見せられる他、アイキャッチ画像（トップにくる目立つ画像）の登録もテンプレートによっては可能なのでよりインパクトのある商品説明を作成することができます。

図6-7　Amazonの商品紹介コンテンツの追加方法

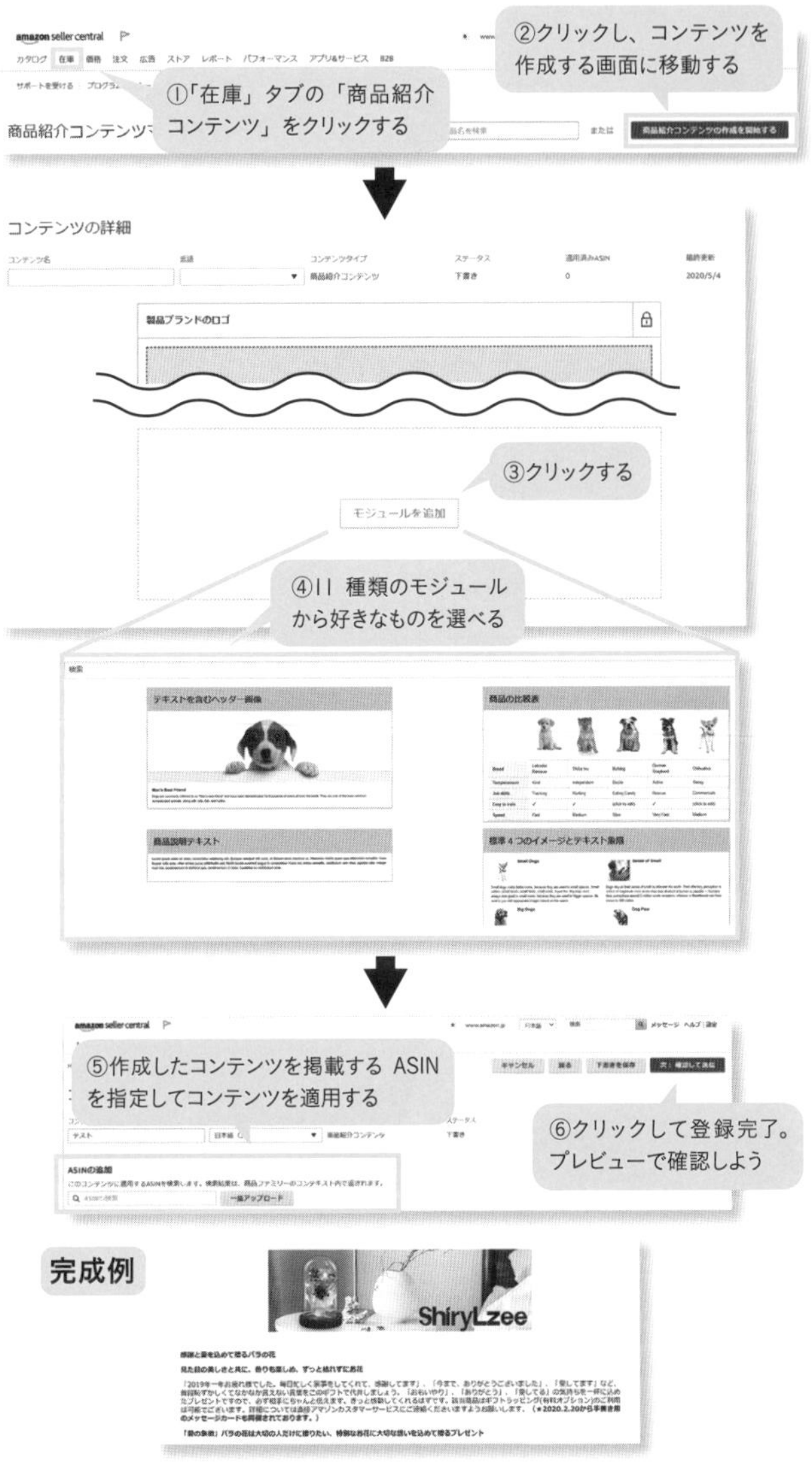

6-8

基礎知識　時短　コスト削減　売上アップ　センス不要　モチベーションアップ

手っ取り早く認知度を高めるAmazonスポンサープロダクト広告

ゆるポイント1 広告だけで当日売れる可能性がある

ゆるポイント2 ワンクリック2円から広告を出せる

オリジナル商品の場合、知名度がありません。広告を打って広まれば、一気に売れる可能性があります。Amazonにはいくつか出品者が設定できる広告がありますが、ここでは、もっともよく使われている「スポンサープロダクト広告（以下SP広告）」という、出品した商品の広告をAmazon内に掲載できるサービスについて解説していきます。Amazonの利用者が検索したとき、検索結果のページや商品ページに広告が表示されます。SPは広告効果の分析も可能です。広告が表示された回数・クリック数、売上金額などを確認して分析し、効果の高い広告にしていくことができます。また、検索されたキーワードを分析して、商品ページの改善に役立てることもできます。このサービスは、大口出品サービスを利用している出品者が利用できます。いろいろと広告を**分散して利用するよりはSP広告を集中して利用したほうが高い効果が見込める**と思います。

SP広告の優れた料金体系と分析

SPが広告として優れているところは「クリック課金型の広告」であることです。「クリック課金型」とは、ユーザーが広告をクリックしたときにだけ広告料が発生する料金体系です。このため、無駄な広告費を省くことができます。

また、SPの広告費用はワンクリック単位ですが、発生する広告料金も自由に設定ができ、表示される広告の優先順位が決まります。**SPは、費用を最低2円から設定でき、広告枠をオークション形式で買って表示させます**ので設定したキーワードの入札金額が高いほど上位に表示されます。SP広告は設定した瞬間からはじまりますので、**出品したばかりの商品でもその日に売上を立てられる可能性ができます。**

SP広告をすべて自動で設定する

SPの設定方法は、まず広告タブ⇓広告キャンペーンマネージャー⇓キャンペーンを作成する⇓スポンサープロダクト広告（続ける⇓キャンペーン名［ASINを先頭に入れておくとわかりやすい］）です。開始日は当日、終了は空欄で自動継続になり、予算は最初は100円でOKを入れるとよいでしょう。

次にキーワードの設定をします。「オートターゲティング」は**Amazonが商品説明などから抽出して勝手に広告のキーワードを設定までしてくれます**が、「マニュアルターゲティング」を選択すると検索キーワードを自分で設定することになります。最初のうちはオートで設定しておいて、実績ができたらマニュアルで設定して個別に検索状況を確認しながら売上に貢献するキーワードを増やしていきます。この確認はできれば1週間ごとがベストですが、無理なら最低1か月に1回はチェックしましょう。金食い虫のキーワードは除外キーワードに設定すると、広告費の削減になります。これを繰り返すたびに売上につながるキーワードに集約され、広告の精度が上がります。

次に、マニュアルの場合のキーワードの設定方法とタイプを解説します。**「推奨キー**

図6-8-1　SP広告の設定手順

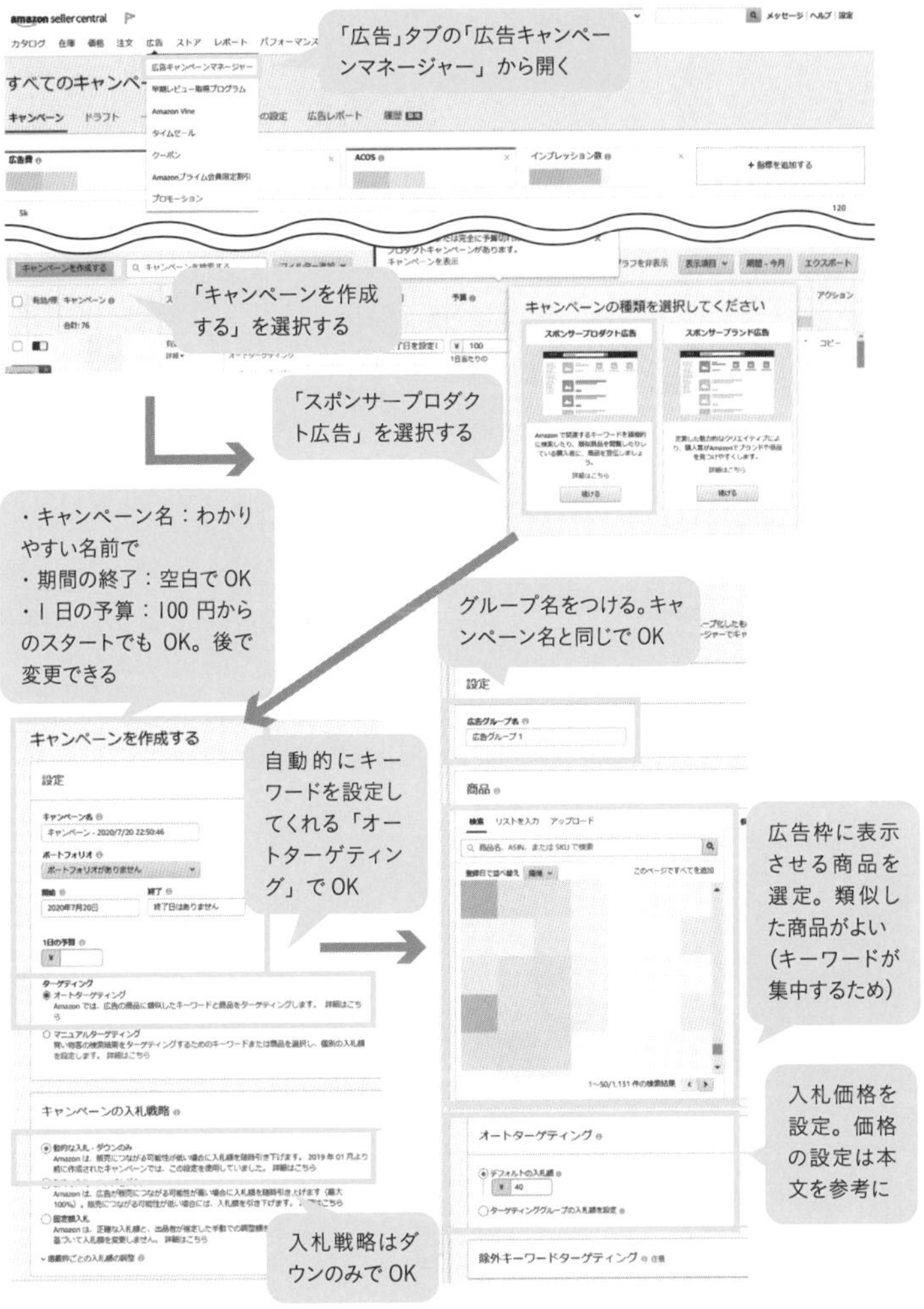

ワード」を使用するか、自分で「キーワードを追加する」の2つの方法があります。

「推奨キーワード」はAmazonが商品説明などから作成したキーワードリストから選択して設定します。推奨されたからといって全部を選ぶ必要はありません。

一方「キーワードを追加する」ページでは、自分で考えたキーワードを設定できます。キーワード同士を半角スペースで区切って入力すると複数キーワードを設定できます。他のキーワードを入力するときは改行してください。

露出頻度をコントロールする設定

最後に、複数キーワードで検索されたときの広告表示の設定「マッチタイプ」の説明をします。マッチタイプは「部分一致」「完全一致」「フレーズ一致」の3種類です。部分一致は、設定したワードが1つでも入っていると広告が表示されます。完全一致は、設定したワードとその順序が同じだった場合のみ表示されます。フレーズ一致は、設定したワードが同じであれば順序に関係なく広告が表示されます。また、設定したキーワードの前後に他の語句が入っていても表示されます。基本的にSPはフレーズ一致で設定してください。**「推奨キーワード」の場合はマッチタイプの選択はできませ**

表6-8-2　SP広告のマッチタイプ設定

例：「iPhone ケース」の場合

選択肢	概要
オート	設定の必要はありません
マニュアル（部分一致）	「iPhone」「ケース」のどちらで検索された場合も広告を掲載
マニュアル（完全一致）	「iPhone ケース」と検索された場合のみ広告を掲載（順番も一致）
マニュアル（フレーズ一致）	「iPhone ケース」「ケース iPhone」「ケース iPhone 耐衝撃」と検索されたら広告掲載 (順不同)

ん。キーワードが思いつかない場合は、Keyword Master Tool（キーワードマスターツール）※などのツールを使ってワードを集めてください。Amazonもスポンサープロダクトの紹介ページ※※を用意してくれています。

※　https://keyword.umedajun.com/
※※　https://www.jpo.go.jp/system/laws/rule/guideline/trademark/ruiji_kijun/ruiji_kijun11-2020.html

6-9

基礎知識　時短　コスト削減　売上アップ　センス不要　モチベーションアップ

商標をとって自分のオリジナル商品を守ろう

ゆるポイント1　**商標は意外と簡単に自分でもとれる**

ゆるポイント2　**商標権があればAmazonが自分の商品を守ってくれる**

Amazonの仕組み上、たとえ世界に1つだけのオリジナル商品を作って自分のページで売っても相乗りはできます。

では、独占販売はできないのかというとそうでもありません。自分で作ったページを相乗りから守り独占的に売ることは可能です。そのために必須なのが「商標」です。商標とは、検索すると「自己の生産・販売・取り扱いなどであることを表すために、商品につける、その営業者独得の標識。トレードマーク」とでてきます。要は特許庁に申請して公に認められたブランド名やロゴです。商標を持っていることであなただけが売れる商品ができます。つまり、相乗りを防止できるのです。もし、商標をとって販売しているあなたの商品に誰かが相乗りしてきたとします。あなたは、商標権を侵害しているとしてAmazonに申し立てを行うと、Amazonがその相乗り出品者を商標権の侵害と認めて出品を取り消してくれます。

意外と簡単な商標の申請方法

商標は特許庁に申請して登録をするので、専門家に依頼しないと取得できないと思っている方も多いと思いますが、自分でもできます。実際に私は何度も自分で取得しています。やり方は簡単です。「J-PlatPat 特許・実用新案、意匠、商標の簡易検索」※で自分がとろうとしている商標と酷似しているものがないか確認します。もし同じ名称があればその商標は取得できません。その際に、覚えておかなくてはいけないのが「区分」です。簡単に言えばカテゴリです。商標は一定の範囲を指定して取得します。

区分は全部で45分類あり、特許庁のページ※※で検索できます。例えば鞄を販売するなら18類、服や靴は25類などです。つまり**自分が扱う商品に合った区分で商標をとる必要があります。**

区分が決まった後は必要な書類を提出し、約1か月後に受領完了と電子化の手数料を請求するはがきが届きますので、指定された金額を支払えば、本審査です。問題がなければ約6か月程度で特許庁から申請が認められた旨の通知がきます。登録のための手数料（5年 or 10年）を支払い、商標の登録証書が送られてきて完了です。申請方法は、電子出願（オンライン出願）と書類出願の2通りがあります。ですが、**オンライン出願は事前の環境整備が手間なので書類出願をおすすめします。**必要書類は、特許庁のホームページでダウンロードできます（書き方やサンプル申請書については、本書の特典としてダウンロードできます）。なお、申請が通った後の本登録で、商標の使える期間を5年と10年から選ぶことができます。割安になるので、もしビジネスを継続的に考えているなら10年にしてもかまいません。登録後、5年または10年後に商標の権利を更新して持ち続けるかやめるかの選択ができます。

断られた場合はもう1回リベンジ

ただし、申請が認められないことがあります。これを「拒絶」と言います。理由はいろいろあって通知書類に記載されていますが、その内容を見て意見書（反論）を出

図6-9　商標申請書類のポイント

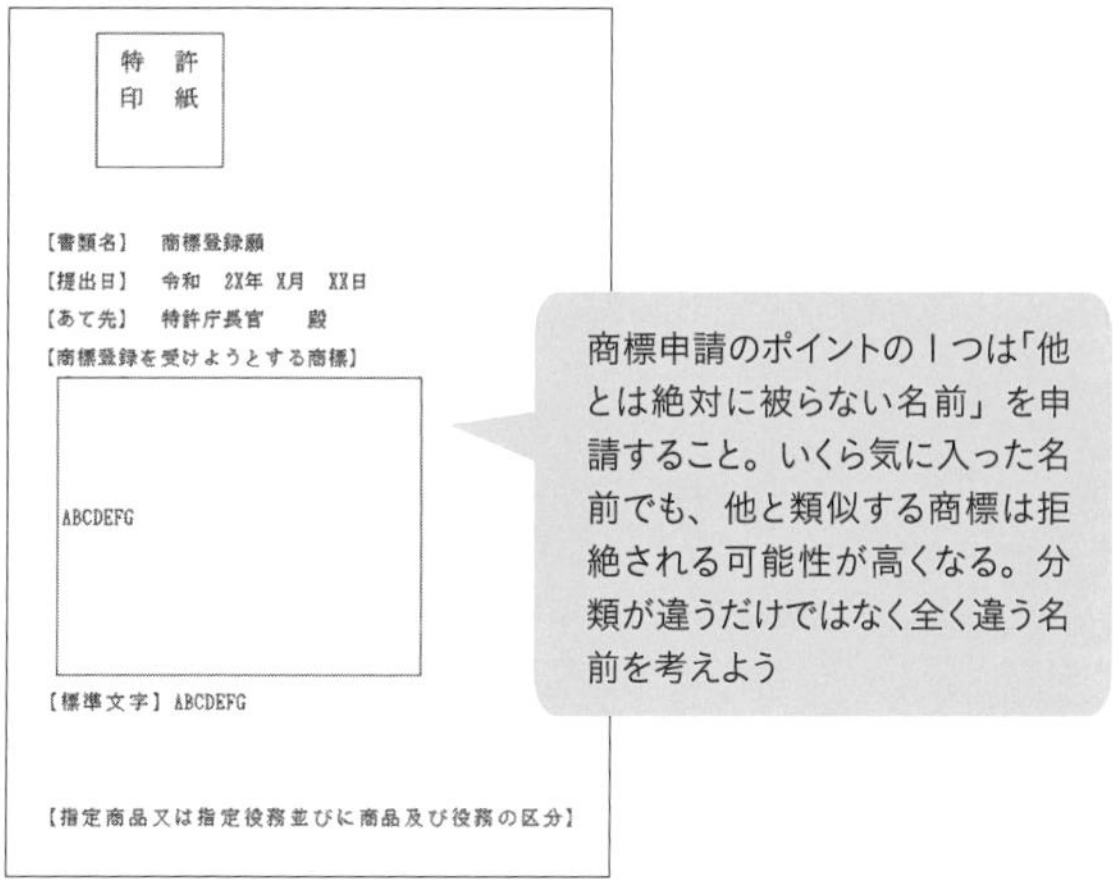
特許
印紙
【書類名】　商標登録願
【提出日】　令和　2X年 X月　XX日
【あて先】　特許庁長官　　殿
【商標登録を受けようとする商標】
ABCDEFG
【標準文字】ABCDEFG
【指定商品又は指定役務並びに商品及び役務の区分】
商標申請のポイントの１つは「他とは絶対に被らない名前」を申請すること。いくら気に入った名前でも、他と類似する商標は拒絶される可能性が高くなる。分類が違うだけではなく全く違う名前を考えよう

すこともできます。つまり、特許庁は認めなかったけれど○○という理由で商標の登録を認めるのが妥当だ、という内容を送り、**もう一度審査をやり直してもらうことができます。**実際に商標の可否の判断は人がやっているため、わかりやすく納得させるような内容にしたり資料を用意したりして意見書を提出するのがコツです。この意見書が認められれば通常の場合と同じく、申請を認める通知がくる流れになります。できるだけ他の人と被らない商標を考えて提出しましょう。意外と簡単ですよ。

※　https://www.j-platpat.inpit.go.jp/web/all/top/BTmTopPage
※※　https://www.jpo.go.jp/shiryou/kijun/kijun2/ruiji_kijun9.htm

基礎知識　時短　コスト削減　**売上アップ**　センス不要　モチベーションアップ

バリエーション登録で効率よく稼ぐ

ゆるポイント1　複数の商品を効率的に売れる

ゆるポイント2　悩んだらとりあえず登録しておいたほうが得！

バリエーションとは？

バリエーションとは同じ商品でもカラーやサイズなどがある商品をAmazonの同一ページで販売するために、お客様にほしい商品を選択してもらう仕組みのことです。

この仕組みを使う理由は、お客様がサイズを選びやすいのはもちろんですが、出品者的には商品を別々にプロモーションするよりも、同一商品の横展開で販売商品を増やしたほうが効率的に販売できます。**特にサイズやカラーがある商品はバリエーションを利用した販売が効果的です。**絶対にバリ

図6-10-1　バリエーションとは?

エーションがありえない商品であれば、登録する必要はありませんが、**新規商品の作成時にしかバリエーションは作れません**ので、とりあえず作っておくのがよいでしょう。例えば、カラー、サイズ以外にも、セット物の商品でAセット・Bセット・Cセットのような売り方もバリエーション登録可能です。最初にバリエーションを作っておけば、後から他の商品の追加はできます。

バリエーションの登録・作成方法

では、バリエーションの登録・作成方法を解説していきます。まず、セラーセントラルの商品登録画面から新規に登録します。ブランド名や商品名など必要な情報を登録する際、重要情報の隣にある「バリエーション」のタブをクリックすると登録できます。

バリエーションには様々なタイプがありますが、よく使うのは、「カラー」「サイズ」です。参考にカラーを選択して進めていきます。セット内容でのバリエーション登録をするときもカラーを選択するとよいでしょう。**カラーを選択する理由は、バリエーションのサムネイル（小さい画像）の登録ができるようになるから**です。これなら文字だけよりも色や形状、内容をイメージで伝えることができます。タイプを決めたらバリエーション登録に必要なカラーマップなどを登録します。**このバリエーションのタイプは後からの変更はできません（「カラー⇓サイズとカラー」など）。**よく考えて最適なタイプを選択してください。

SKU（最小の管理単位）は未記入でも自動でAmazonが設定するため空欄のままで構いません。あとは、新規登録時と同じでその他の出品情報を記入すれば完了です。

図6-10-2　バリエーションの登録

図6-10-3　バリエーションの画像登録（カラーの場合）

オリジナル商品のページは「育てる」意識が大事

ゆるポイント1 最初は売れなくても心配は無用!

ゆるポイント2 多少の粗があっても出品するくらいの感覚ではじめよう

新規で出品した商品はいきなり売れなくても心配はいりません。商品に魅力がないのではなくて、他の要因で売れていない可能性もあるからです。ヤフオクと違って、Amazonでは同じページで何年も販売し続けます。また、販売期間が長いほどAmazonのSEOに評価されるということもいわれているので、完璧ではなくてもとりあえず出品するのも手です。出品した後に、バージョンアップを繰り返してよりよいページにしていく意識が大切です。

ここでは、すでに解説した商品説明や画像、商品紹介コンテンツ以外で、売上を改善するためにすべきことを解説していきます。

ヒット商品をつくるためにやるべき2つのこと

1つ目は露出を上げることです。 どんなによい商品も最初は知名度がなく、売れません。そのためには露出を上げる必要があり、最も即効性がある方法は広告です。本章でも解説しました「スポンサープロダクト」を活用します。

2つ目は、商品レビュー、つまり口コミです。 レビューがあるのはもちろん、よいレビューが多いことが重要です。ただし、お金を支払ってレビューしてもらう「サクラレビュー」は、バレたらAmazonのアカウントが閉鎖されてしまいますので絶対にやめましょう。もちろん、よいレビューを入れてもらうには、満足してもらえるよい製品を多く届けることが基本です。

とは言っても、残念ながら、レビューは良いほうよりも悪いほうがつきやすい傾向にあります。1つ悪いレビューがつくと、その後も悪いレビューがつきやすくなります。ぜひ皆さんも、「商品ページは育てる」という認識を持ち、よいレビューを集めてライバルに負けない強い商品ページに成長させてください。

Column 6

ゆるく稼げる人の考え方とは？

ゆるく稼ぐには、そもそもの考え方を「頑張って稼ぐ」から「ほどほどにやって稼ぐ」に変えなければいけません。オリジナル商品の企画を進めるときの考え方をお伝えしておきます。

オリジナル商品を作ろうとしたときに、「もし……だったら……」とネガティブなことを深く考え込んでしまう人がいます。ですが、はじめる前にそんなに考え込んでいたら稼ぐ前に疲れますし、あれこれ考え込んで結局動かないのは最悪です。

ゆる副業では、思いついたことをとにかく「やってみる」の土俵に上げます。やってみて当たったらよかった、ダメだったらさっさと辞める、というフットワークの軽さが重要です。これを繰り返していくことでいろんなチャレンジができますので、考え抜いてやっと「これはいける！」というオリジナル商品1件を進めるよりも「たぶんいけるんじゃない？」くらいの70％の完成度のものをたくさんやったほうが、よほどうまくいく確率も上がります。「ゆるい」というのはだらだらやって稼ぐのではなく、効率を上げて稼ぐ方法です。難しそうに見えますがコツをつかめばとても簡単ですよ。

第7章

頑張らないで稼ぐための8のルール

7-1

基礎知識　時短　コスト削減　売上アップ　センス不要　モチベーションアップ

「守破離」に従って行動する

ゆるポイント1　うまくいくポイントは「守破離」

ゆるポイント2　マネしている内にいつの間にか実力が身につく

「守破離」とは、武道や芸術の教えの1つで、何かを学ぶときの順序についての言葉です。私はネット販売をする際、守破離を大事にしています。自分の考えや思いはいったん横に置いて、まず先人に教えられたことを素直に聞き、それを徹底的に守る（マネる）ことからはじめます。その教えられたことが十分できるようになったら、そのときにはじめて教えられたことに自分のアレンジを加える段階に入り、それを繰り返して自分だけのやり方に進化させていきます。

このように段階を踏む方が圧倒的に成功する確率が上がりますし、そのほ

うが結果的に早く成功できます。なぜなら教えられたことはすでに実践されてうまくいったことの集大成だからです。

私がオークファン在籍中や独立後にお会いした、多くの成功している人に共通していたのは、教えられたことを素直に守ってやり続けることです。反対に、失敗してしまう人たちは最初から自己流に走っていました。成功への第一歩になりますので「守破離」を決して忘れないようにしてください。

いったん自分の考えは置いて、マネからはじめる

ちなみに「守破離」はどれも大事なのですが、あえて一番大事なモノを上げるとするとそれは「守」です。やはり人間なので何かを教えてもらってもどこかに自分の考えや経験と違うものがあると素直に聞けないときがあります。そんなときにいかに自分を真っ白にして受け入れられるようにできるかが最も重要なのです。特に新しいことに取り組むわけですから、まずは基準や指針が必要です。「守」を徹底して先人のノウハウをマネするだけで、一過性ではない本当の実力が身につきます。

売上アップのポイントは「在庫」の調整

ゆるポイント1 **在庫切れをなくすだけで売上アップ**

ゆるポイント2 **仕入れの目安は売れた数に6をかけるだけ**

在庫切れがネット販売の一番の大敵！

売上を上げる方法は、出品数を増やす、価格を下げる、広告を強化するなど、いろいろあります。ですが、一番手っ取り早くて効果的な方法は在庫切れをなくすことです。売れるとわかっているのに売る商品がない、他の人が利益を上げるのを見ているだけ、なんてこんな悔しいことはありません。**(特にAmazonでは在庫切れになると商品のランキングが下がり、露出も減ります)。**

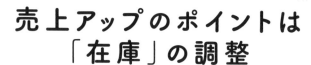

適切な在庫の数を知っておこう

ですが、在庫切れを怖がり過ぎて発注しすぎると在庫過多になってしまいます。これも逆効果です。ある程度の期間で販売できる適正な在庫数を積む必要があります。

一般的にだいたい45日ほどで販売できる数量が適正とされています。あくまで目安ですが、小売店の在庫が入れ替わる回数（在庫回転数）が年8回だといわれているためで「年8回≒45日スパン」という計算から出ています。また、クレジットカードで仕入れている場合はちょうど45日後が決済のタイミングとなることから、この期間内で販売すると仕入れ資金が回収できて、クレジットの決済に間に合う、というのが「45日」の理由です。ちなみに季節要因やイベントがある繁忙期などの場合は、単純に45日分の在庫を持てばOKというわけではありません。

リスクを減らす商品発注数の計算方法

しかし実際に45日分の在庫とは何個なのか、繁忙期の在庫はどうしようかと、毎回発注数量を計算するために電卓を叩くのは、とても面倒くさい作業です。それよりも

現在の販売数から今後必要になると思われる在庫数を割り出して機械的に計算するほうが労力を減らせますし、過剰在庫になってしまうリスクも避けることができます。

また、計算のためのデータをあちこち調べたり入力したりするのはやはり手間です。ですので、**簡単にデータを持ってこられて簡単に入力できて手間をかけずに発注できる方法をお伝えします**（ここではAmazonでの方法をお伝えします。ヤフオクよりも基本的にはAmazonの販売数が多くなるためです）。

まず、図の方法で現在の在庫数のデータと昨日までの売上データを入手します。売上データは、期間を前日から過去7日間（今日が8／9の場合、8／2〜8／8）に設定してください。入手した現在の在庫数と過去7日間の売上データを照らし合わせると、必要な在庫数が割り出せます。単純に「売れた在庫×6」が約45日分となります（概算になりますので実状に合わせて調整は必要です）。本書では、ダウンロード特典として、もっと楽にするために自動で計算できるエクセルシートを作りました。6ページの特典を確認してください。このシートはデータを貼りつけるだけで、通常時や繁忙期の必要な在庫数が自動で計算されるようになっています。

図7-2-1　Amazonの在庫データと売上データの入手方法

●Amazon の在庫データの入手

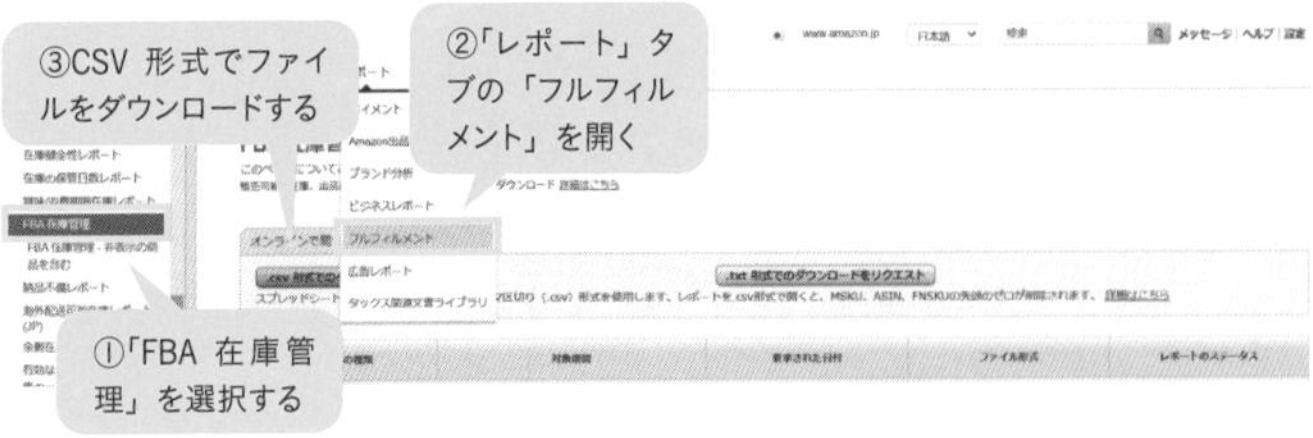
③CSV 形式でファイルをダウンロードする
②「レポート」タブの「フルフィルメント」を開く
①「FBA 在庫管理」を選択する

●Amazon の売上データの入手

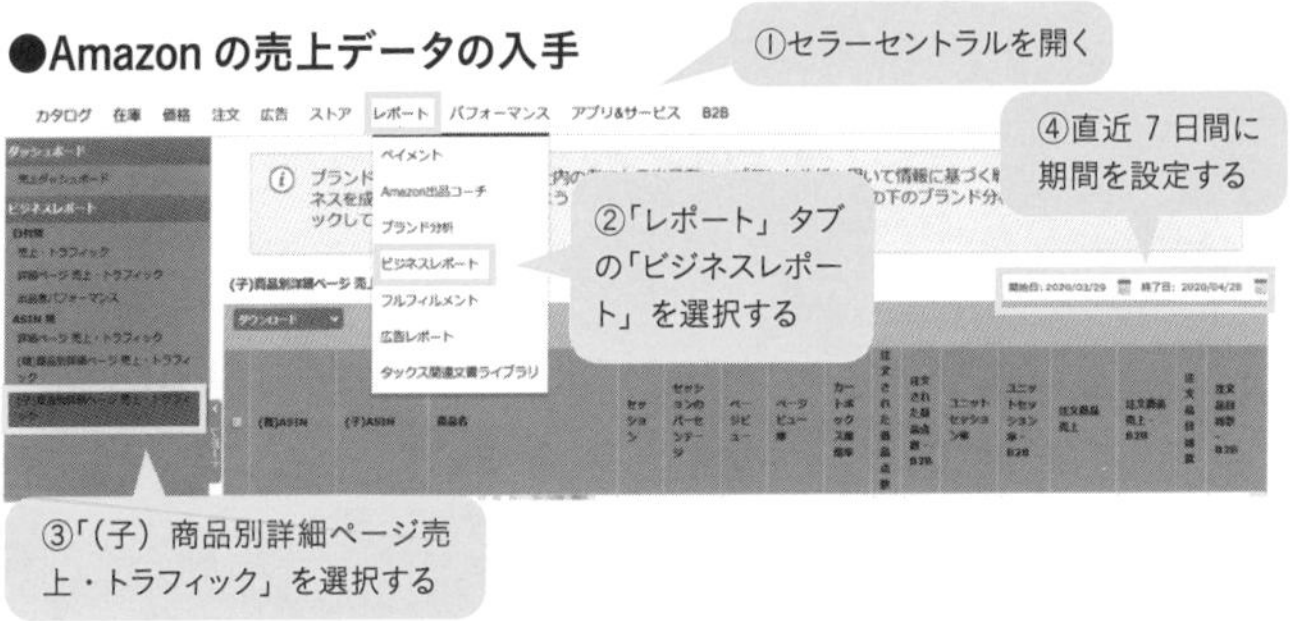
①セラーセントラルを開く
④直近 7 日間に期間を設定する
②「レポート」タブの「ビジネスレポート」を選択する
③「(子) 商品別詳細ページ売上・トラフィック」を選択する

図7-2-2　発注数の計算方法

ちょうどよい在庫＝1 週間で売れた在庫 ×6 週間

1 週間で 5 本売れた場合　→　毎月 30 本を目安に発注を行う

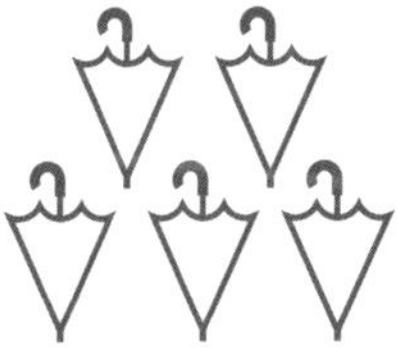

ただし、発注しても到着までに 2 週間ほどかかるので要注意

7-3

基礎知識　時短　コスト削減　売上アップ　センス不要　モチベーションアップ

各国の長期休暇に気をつける

ゆるポイント1　アメリカは年に10日ほど注意すれば大丈夫

ゆるポイント2　長期休暇の前に商品を手配すると安心できる

ゆる副業では輸入業務を専門の業者へ依頼する方法をおすすめしました。ただし、業者は24時間365日対応ではありません。休みは土日祝が基本になりますが、それ以外に気をつけなければならないのが、仕入れ先の国の長期休暇です。この期間は、輸入業務を依頼している業者だけではなく他の多くの業者も休むため、発注した商品の納品が遅れ、予定していた日に荷物が届かないということもあります。アメリカや中国が長期休暇に入ってしまい、在庫の補充が長期間にわたってできず、売上が激減してしまった、ということにもなりかねません。

仕入れ先の長期休暇は事前に把握して、在庫切れを起こさないように手配することが必要です。

アメリカと中国の長期休暇

では、実際にアメリカや中国の休日はどうなっているのでしょうか？　**実はアメリカは国の定める休日は多くありません。**独立記念日やクリスマスなど年に10日ほど覚えておけば大丈夫です。それに加えて各州が独自に定める休日があります。ちなみに、転送業者の倉庫が多いオレゴン州は特に州の定める休日はありません。

それに対して**中国の長期休暇は代表的なもので「1月末の春節（旧正月）」「10月頭の国慶節（建国記念日）」があり、どちらも1週間以上の長期休暇になります。**それ以外にも清明節や中秋節などがあります。この前後は物流も込み合いますので、通常2週間で届いている商品は1か月かかると見ておきましょう。

ここで挙げたのは代表的なものですが、それに土日や日本の休日が絡むとそこそこの長期休暇になります。これらの休日はインターネットで検索するとその年の休みがわかりますので、事前にいつからいつまでが長期休暇なのかを確認しておきましょう。

7-4

基礎知識　時短　コスト削減　売上アップ　センス不要　モチベーションアップ

常に売り手目線で考える

ゆるポイント1　**何かのついでに考えるほうがよい商品に出会える**

ゆるポイント2　**街で見て気になったものが稼げる商品かもしれない**

本当の売り手目線とは？

突然ですが、あなたに質問です。外出先や店内で何を見ていますか？ たぶん、お店でもメニューやサンプルなどそのお店で自分が気になる（買いたい）ものを見ていると思います。しかし私の場合は、ずっとまわりをキョロキョロしています。渋谷や新宿などの大きな駅に行くとなおさらで、まわりから見たらちょっとした不審者かもしれません。

そこで私が見ているのはお店の商品はもちろん、ディスプレイやレジに置いてあるペン立てや備品など売り物に関係ないものも含めてお店のあらゆるものを見ています。**その店で売っている、置いてある、使っているということは、どこかから購入しているわけですので、そのものには多少なりと需要があります。**その上で、これはどんな人が使うのか、どういうときに使うのか、使う人は多いのかなどを考えてみます。

こうやって商品だけではなく、極端なことを言えば目に映るあらゆるものを「売れるかな？」という目線で見ていくことが「常に売り手目線で考える」ということです。

何かのついでに考えるほうが、ずっと楽

ゆるく稼ぐと言いつつ、いつも売ることを考えるのは大変じゃないかと思うかもしれませんが、実は逆だと思っています。「売るための商品を探すぞ！」と気合いを入れて探すほうが疲れますし、それで見つからなかったときは疲れが倍増します。それよりも歩いているときや出掛けている中で何かのついでに考えているほうがずっと楽なのです。しかも肩の力が抜けているので発想も柔軟になりやすく、一石二鳥です。世の中には自分の知らない、売れている商品がたくさんあります。まず見渡して気になったものをその場でちょっと調べてみる習慣を身につけてください。

7-5

基礎知識　時短　コスト削減　売上アップ　センス不要　モチベーションアップ

まわりのサポートがあってこそできることに感謝する

ゆるポイント1　謙虚な気持ちを忘れなければ応援してもらえる

ゆるポイント2　「いつもありがとう」の一言で十分

副業で稼ぐときにやらかしてしまいがちな間違いが、副業で稼げたのは自分だけの力で自分が頑張ったから成果をだせたのだという勘違いです。

副業ができるのはあなただけの力ではありません。少なからず、両親や友人、パートナーなど、あなたの大切な人との時間を割くことに間違いはありませんので、副業に取り組ませてもらっていることを忘れてはいけません。

誰からも相手にされず、誰の支えもない人生を送っている人はほぼいないと思います。そういう人がいて、しかも支えてくれるからこそ、あなたは自分のやりたい未来のために副業を頑張ることができます。極端に言えば、自分1人の力でできた成果なんて何1つありませんので、むしろ副業ができていることに感謝する気持ちを持つべきです。

感謝は言葉で伝える

そして忘れてはならないのは、その感謝をきちんと伝えるということです。感謝を伝えるというのは、稼ぎをどんどん大きくしていくことではありません。稼ぎはあくまで結果ですので、それ自体に感謝の意味を込めたとしても、それは伝わりません。稼ぎとは別にきちんと感謝を言葉で伝えることが一番です。

内容的には凝った演出や長い話はいらなくて「いつもありがとう」の一言でも構いません。男性の場合はいうのが苦手だったり照れくさかったりしますので、ちょっとしたお菓子などを買って渡すタイミングで声をかけるとやりやすいですよ。たくさん稼いでお金を増やすより「あなたのおかげで副業ができて上手くいった」という感謝の気持ちを、伝えることが何よりも大事です。

7-6

基礎知識　時短　コスト削減　売上アップ　センス不要　モチベーションアップ

「副業」を続けるか「独立」かを考える

ゆるポイント1　副業で給料＋αで稼ぐのも1人で独立もどちらもアリ

ゆるポイント2　副業で稼ぐと極端に会社に依存することがなくなる

副業や起業を勧める人の中には、会社に勤めていることを否定する人がいます。例えば、利益を1億円挙げても給料がその半分すらもらえないのは会社に搾取されているからだ！　というような論調です。しかし、私はそうは思いません。なぜなら個人の力だけではなく、会社の看板や経費、他部署のリソースを使っているからです。

副業も起業もそれぞれにメリットがある

私は独立をしているので時間に融通が利きますし、やりたい仕事をやれます。その部分だけを見ればとてもよい働き方ですが、一方で保険や年金や経費はすべて自腹です。会社にいれば、利益を挙げなくても簡単に首を切られることはなく、その間も給料は毎月振り込まれます。しかし、もし私が利益を挙げなかったらたちまち生活に困るでしょう。

このことから、**私は副業のゴールは起業することだとは思っていません。**会社勤めと独立は、どちらかが優れていてどちらかが劣っているということはないのです。

強いて言うなら、副業で稼ぐと極端なかたちで会社に依存することはなくなります。会社に依存していると今後の影響を考えて嫌々でも言うことを聞いてしまうことがあるでしょう。

私は副業で稼げるようになってからは、今日の残業が本当に必要かどうかを考えるようになりました。例えば、今日は子どもと一緒に過ごしたいので残業せずに帰ります、という感じです。すごく自分の気持ちに正直に自然体で仕事ができます。ですので、会社にある程度守ってもらいながら稼ぎたい人は、そのまま副業を続ければよいと思いますし、もっと自由を求めたいと思う人は、起業すればよいのです。それぞれのメリット・デメリットを比較して自分にとって「副業」がよいのか「独立」がよいのかを考えるようにしましょう。

家族に対して「副業（仕事）」のルールを決める

ゆるポイント1 大切な人を不安にさせない工夫で、のびのび副業する

ゆるポイント2 実は報告するだけで安心・信頼される

副業をはじめるうえで、最もやってはいけないことは、不安を生むことです。これが副業が行き詰まってしまう要因の1つです。自分や家族に不安があると一歩踏みだせなかったり、文句を言われたりします。

不安を取り除く3つのルール

これから副業をはじめる本人をまわりで見ている側は損をしないかな、家族との時間はとれるかななど、不安でいっぱいです。あなたはそのことを知ったうえで、相手に対して「副業（仕事）」の3つのルールを決めてください。

1つ目は「リスクの上限を決める」ことです。不安のうちの1つが「損をしないか」というものです。この不安を解消するために、最初に調達したお金やお小遣いなどの余剰資金だけをまわして稼ぐ約束をしてください。これであれば儲けがでない限り副業は継続できませんし、どんなに損をしても金額が限定されるのでこの不安は解消できます。

次に「家族や大切な人との時間は最優先すること」も約束してください。何よりも副業はプライベートな時間のためにやりますので、稼ぐためにその時間を犠牲にするわけにはいきません。どんな状況でも副業よりも優先して時間をとるべきです。

最後に、「売上と見込みの報告をすること」です。要は今稼げているのか、そして今後、継続して稼げるのかを報告するのです。副業をそばで見て不安になるのは、何をやっているのかがわからないからです。なので、「これだけ利益がでている」「来月（もっと先でもよい）にはこういうことをやるのでプラスいくらになりそう」、ということを毎月報告し、翌月には予定していたことができたのか、をオープンにしてください。安心されますし、信頼されます。また、自分にとっても毎月のモチベーションになります。このように不安を解消しながらゆる副業に取り組んでいってください。

7-8

コスト削減　モチベーションアップ

絶対に借りてはいけない

ゆるポイント1　**プライベートの時間をしっかり確保する**

ゆるポイント2　**手持ちの現金の範囲で仕入れる**

物販はお金があったほうが有利です。その分、物量を増やせますし、輸送費や仕入れ商品単価を下げられるからです。実際に輸入物販をはじめてみて上手くいったとします。すると次に考えることは「拡大」です。どんどん輸入の規模を大きくしていってよりたくさん稼げるようになろうとします。

借りないほうがよい理由

ですが、「拡大」をするにあたって気をつけてほしいことがあります。それは「絶対にお金を借りない」ことです。**地方自治体、金融機関、それから家計からも絶対に借りてまで拡大してはい**

けません。理由は、調子がよいときは借りても問題がないのですが、悪くなったときに借金を抱えていると、稼ぐ目的がお金を返すことに変わってしまうからです。売上と利益に追われることはゆるく稼ぐのとは正反対のことです。

実は私も同じような経験があります。輸入をはじめて半年ほどで給料と合わせて月収が100万円を超えた頃に、金融機関からお金を借りたいという話を奥さんにしたことがあります。そのときの奥さんからの答えは「拡大はしなくていいので、家にいてください」ということでした。この答えに私はハッとしました。そもそも私が副業をはじめるにあたって求められていたのはたくさん稼ぐことではなく、家族との時間を確保することでした。ネット販売は手段の1つでしかありません。目的をすっかり忘れて、ちょっと儲かったからといってビジネスを拡大しようと走りかけてしまったのですが、それを止めて本来の目的に気づかせてくれた一言でした。

ゆるく稼ぎたい人にとって、借金などは余計なストレスになります。**今持っている現金以上の仕入れはあなたの実力以上のことなので背伸びをして無理をすることはありません。**皆さんも今あるお金の範囲でできることをやって効率よく稼ぐことに集中してください。

売上が伸びないときにチェックすべきところは？

Column 7

売上が上がらないとき、つい「高すぎるから」という考えですぐに価格を下げようとしてしまいます。実際にはそれ以外にも原因が考えられます。

実店舗では、「来店人数×購買率×客単価＝売上」という公式があります。例えば、月間で100人がきて5%の人が購入し、1人あたりの単価が5000円であれば売上が25000円、というわけです。これをAmazonにあてはめると、**「セッション数×ユニットセッション率×平均単価＝売上」**です。この数値はセラーセントラルのビジネスレポートで調べることができます。オークションでは**「アクセス数×落札率×客単価＝売上」**となります。言い方は異なりますが、基本的な構造は同じです。オークションでは、商品にどれくらいの人が興味を持っているかを示す「ウォッチリスト」も見るとよいでしょう。

例えばオークションで落札率が前月より下がった場合、画像を変える、説明を詳しくするなど落札を上げることに集中します。客単価が下がっていたら単価の高い商品を増やす、他の商品とセットにして単価を上げる方法もあります。

注意点としては**「手を加えるポイントは1つずつにする」**ということです。何が有効だったのか、逆効果だったのかなどがわからなくなるからです。まずは「訪問数×購買率×単価」この3つのポイントを確認するところからスタートしましょう。

本書内容に関する
お問い合わせについて

このたびは翔泳社の書籍をお買い上げいただき、誠にありがとうございます。弊社では、読者の皆様からのお問い合わせに適切に対応させていただくため、以下のガイドラインへのご協力をお願いいたしております。下記項目をお読みいただき、手順に従ってお問い合わせください。

●ご質問される前に

弊社 Web サイトの「正誤表」をご参照ください。これまでに判明した正誤や追加情報を掲載しています。

正誤表　https://www.shoeisha.co.jp/book/errata/

●ご質問方法

弊社 Web サイトの「刊行物 Q&A」をご利用ください。

刊行物 Q&A　https://www.shoeisha.co.jp/book/qa/

インターネットをご利用でない場合は、FAX または郵便にて、下記 " 翔泳社 愛読者サービスセンター " までお問い合わせください。

電話でのご質問は、お受けしておりません。

●回答について

回答は、ご質問いただいた手段によってご返事申し上げます。ご質問の内容によっては、回答に数日ないしはそれ以上の期間を要する場合があります。

●ご質問に際してのご注意

本書の対象を超えるもの、記述個所を特定されないもの、また読者固有の環境に起因するご質問等にはお答えできませんので、あらかじめご了承ください。

●郵便物送付先および FAX 番号

送付先住所	〒 160-0006　東京都新宿区舟町 5
FAX 番号	03-5362-3818
宛先	（株）翔泳社 愛読者サービスセンター

※本書に記載された URL 等は予告なく変更される場合があります。

※本書の出版にあたっては正確な記述につとめましたが、著者や出版社などのいずれも、本書の内容に対してなんらかの保証をするものではなく、内容やサンプルに基づくいかなる運用結果に関してもいっさいの責任を負いません。

※本書に記載されている会社名、製品名はそれぞれ各社の商標および登録商標です。

※本書に記載されている情報は 2020 年 7 月執筆時点のものです。

梅田 潤（うめだ・じゅん）

合同会社梅田事務所代表
1977 年生まれ。大阪府出身。大学卒業後、株式会社 eSPORTS に入社。Web 最大級の EC サイト「eSPORTS」でオークション事業を立ち上げ、トップクラスのストアに成長させる。2004 年から 4 年連続で Yahoo! オークションストアアワードを受賞。2007 年同社を退社し、ブランディング専門のコンサル会社に入社。その後、2009 年に株式会社オークファンに入社。サービス企画や物販のコンサルティングをはじめ、仕入商材情報誌の執筆やセミナー講演などを行う。しかし、結婚や子どもの誕生を機に今の働き方に疑問を感じ、子どもや家族を最優先にするために独立を模索。副業で中国輸入ビジネスをはじめ、給料以上を稼ぐ事に成功し 2014 年に独立。2015 年には月収で 100 万円を突破。現在も現役プレーヤーとして中国輸入ビジネスを展開しながら、子どもや家族との時間を最も大切にする自分らしく自由な暮らしをしている。輸入販売のご相談は「info@umedajun.com」まで。
著書に『中国 Amazon 輸入 アリババ・タオバオから仕入れる』（あさ出版）、『今すぐ使えるかんたん Ex ヤフオク！ 本気で儲ける！ プロ技セレクション』（技術評論社）がある。

装丁・本文デザイン／Isshiki（石垣 由梨）
DTP ／ Isshiki（青木 奈美）
装丁イラスト／アツダマツシ

「ゆる副業」のはじめかた 輸入・ネット販売
時間も手間もセンスもいらないから誰でもできる!

2020 年 9月 16日　初版第 1 刷発行

著者　梅田 潤
発行人　佐々木 幹夫
発行所　株式会社 翔泳社（https://www.shoeisha.co.jp）
印刷・製本　株式会社 廣済堂

本書へのお問い合わせについては、223 ページに記載の内容をお読みください。
落丁・乱丁はお取り替えいたします。03-5362-3705 までご連絡ください。

ISBN 978-4-7981-6604-9　　Printed in Japan